पाकिस्तानी औरत : आज़माइश की आधी सदी

पाकिस्तानी औरत : आज़माइश की आधी सदी

ज़ाहेदा हिना

(पाकिस्तान)

सम्पादन एवं उर्दू से हिन्दी अनुवाद

डॉ. ताहिरा परवीन

लोकभारती प्रकाशन

लोकभारती प्रकाशन
पहली मंजिल, दरबारी बिल्डिंग, महात्मा गाँधी मार्ग
प्रयागराज-211 001
वेवसाइट : www.lokbhartiprakashan.com
ईमेल : info@lokbhartiprakashan.com

शाखाएँ : 1-बी, नेताजी सुभाष मार्ग, दरियागंज
नयी दिल्ली-110 002
अशोक राजपथ, साइंस कॉलेज के सामने
पटना-800 006 (बिहार)
36-ए, शेक्सपियर सरणी
कोलकाता-700 017 (प. बंगाल)

मूल्य : ₹ 100

प्रथम संस्करण : 2019

आस्था पेपर कन्वर्टर
प्रयागराज द्वारा मुद्रित

PAKISTANI AURAT
AJMAYISH KI ADHI SADI
Edited and Translated by Tahira Parveen

ISBN : 978-93-88211-91-8

विषय-सूची

पाकिस्तानी औरत : समाज और आज़ादी का सवाल

पाकिस्तानी समाज में औरत की आज़ादी की बातें बड़े ज़ोर-शोर से की जाती रही है। ज़ाहेदा हिना इस आजादी में पेश-पेश रही है, और शायद इसी सबब से अपनी किताब का नाम भी ''पाकिस्तानी औरत आज़माइश की आधी सदी'' रखा है। यह तो नहीं बता सकती कि क्यां उनकी तबीयत इस तरफ प्रभावित हुयी मगर शायद मर्दाना समाज में औरत की बदहाल ज़िन्दगी को देखकर उनकी तबियत में भी उत्तेजना पैदा हुई होगी, तभी उन्होंने अपने लेखन को अपने दिल का दर्द समझ कर उन्हें अपने लेखन का विषय बना डाला।

बहुत हद तक यह बात दुरुस्त है कि औरत का रिश्ता किसी आम या ख़ास घराने से हो या फिर समाजी और सियासी तौर पर मज़बूत ही क्यों न हो, उनको अपनी बात कहने का हक़ या अपनी आज़ादी-ए-राय को समाज के सामने पेश करने और अपनी पसन्द-ओ-न-पसन्द का इज़हार करने में, आज भी समस्याओं से जूझना पड़ता है, यह समस्याएँ चाहे व्यक्तिगत हों या सामूहिक हों। या शहरों, क़स्बों, मुल्कों और विदेशों में हो? सभी जगह औरतों को इन मुश्किलों से गुज़रना पड़ता है। दुनिया के तमाम मुल्कों में मर्दों की इजारादारीवाले बहुत से समाज में औरतों की आवाज़ को दबाये रखने, और अपना दस्तनिगर बनाने का रिवाज आज भी मौजूद है। कम-ओ-बेश पाकिस्तान में यह सूरतें और भी नुमाया है। जिसको बाखूबी ज़ाहेदा हिना की किताब ''पाकिस्तानी औरत आज़माइश की आधी सदी'' से लगाया जा सकता है।

ग़र्ज़ कि पाकिस्तानी रस्म-ओ-रिवाज और समाजीयत की इन गुत्थियों से औरत कैसे आज़ाद होगी? इन सब सूरतों को ज़ाहेदा हिना ने न सिर्फ़ महसूस किया। बल्कि कई तरह की समाजी रिपोर्टों से यह साबित भी किया कि औरतें पूरी तरह से मर्द की दस्त निगर और घरेलू ज़िम्मेदारी में डूबी हुई हैं। उनमें उनका कोई

क़ुसूर नहीं क़ुसूर उनके चारों तरफ फैली हुई मर्द सोसाइटी का है। ज़ाहेदा हिना कहती है—

"मशहूर मौलवियों, उल्माओं और पढ़े-लिखे लोगों ने शुरू ही ही औरतों के अधिकारों और उसके क़ानूनी रास्ते में रोड़े अटकाये।"

सच बात तो यह है कि ज़ाहेदा हिना के ख़्याल में सामाजिक परिवर्तन समाज के पुरुष वर्ग के मुक़ाबले महिला वर्ग को ज़्यादा प्रभावित करती है। या यूँ कहें कि उनके हक़ (अधिकार) की आवाज़ के लिए रुकावटें पैदा करती हैं।

सीमीन किरन ने अच्छी बात कही है, "इस तरह के मामले को सियासी या मज़हबी रंग नहीं देना चाहिए क्योंकि यह रवैया असल बात या मसले का रुख़ मोड़ देता है। वो ज़ोर देकर कहती हैं कि ज़रूरत इस बात की है कि औरतों को कहीं भी निशाना बनाकर (objectively) किया जाये उसका विरोध किया जाये, उसके ख़िलाफ़ मिलकर आवाज़ उठाना ज़रूरी है। वरना यह रूझान पनपता ही रहेगा। इसीलिए ज़ाहेदा हिना इस बात पर ज़ोर देकर कहती है कि पाकिस्तान में मर्द सोसाइटी ने औरतों पर मज़हबी रस्म-ओ-रिवाज और सभ्यता और संस्कृति का दबाव थोप रखा है, और उन्हें इस्लामी अधिकारों से वंचित कर रखा है, इसी वंचित अधिकारों के ख़िलाफ ज़ाहिदा हिना ने पाकिस्तानी औरत की आज़माइश का प्रतिरोध बुलन्द किया है। इसको इक़बाल के शब्दों में यूँ कह सकते हैं—

उठ की अब बज़्म-ए-जहाँ का और ही अंदाज़ है।
मशरिक़ और मग़रिब में तेरे दौर का आगाज़ है।।

गर्ज़ की ज़ाहेदा हिना ने अपने लेखन के ज़रिये पाकिस्तानी औरत को समाज में जागरूक करने की कोशिश की है। बड़ी ख़ुशी की बात है कि डॉ. ताहिरा परवीन ने ज़ाहेदा हिना की किताब का हिन्दी लिप्यान्तरण के माध्यम से हिन्दी पाठकों को पाकिस्तानी 'स्त्री विमर्श' से अवगत कराने की कोशिश की है। ताहिरा की यह कोशिश हिन्दी समाज के लिए सराहनीय क़दम है, उनकी इस ख़िदमत को हिन्दी पाठक वर्ग स्वीकार करेगा मुझे ऐसी उम्मीद है कि उनकी यह कोशिश कामयाब और मज़बूत होगी।

डॉ. लालिमा सिंह
प्राचार्या
एस.एस. खन्ना महिला महाविद्यालय
प्रयागराज

दो शब्द

पाकिस्तान की प्रसिद्ध लेखिका ज़ाहेदा हिना अपनी बेबाक बयानी और निर्भीकता के लिए विशेष जानी जाती हैं। इधर भारत में स्त्री-विमर्श के अन्तर्गत जो कुछ, विभिन्न लेखिकाओं द्वारा लिखा जा रहा है, उसका पूरक पक्ष है यह किताब, जिसने पाकिस्तान में औरतों के जीवन के प्रति समाज की दृष्टि की विसंगतियों का उल्लेख किया गया है। आज हमारा स्त्री-समाज अपने स्वतन्त्र वजूद को प्राप्त करने की उत्कण्ठा से एक आन्दोलनात्मक प्रेरणा पूरे विश्व को देना चाहता है। ध ार्म या मज़हब के नाम पर भारत में भी और पाकिस्तान में भी औरतों पर अब भी ढेरों पाबन्दियाँ लगायी जाती हैं। पुरुष सत्तात्मक और सामन्ती संस्कारों वाले श्रेणीक्रम तथा भेद-भाव के चलते तरह-तरह से औरतों की आकांक्षाओं और भावनाओं का दमन किया जाता है। यह भी देखा जाता है कि औरतों को शिक्षा के अभाव में अक्सर यह पता भी नहीं चल पाता कि उनके सम्मान का किस प्रकार हरण किया जाता है। संस्कारवश वे ख़ुद भी स्वेच्छा से उन्हीं-उन्हीं विश्वासों में जकड़ी रहती हैं, जो उन्हें सामाजिक मान-मर्यादा के नाम पर दिये जाते हैं। यह एक प्रकार से औरतों को ख़ुद-ब-ख़ुद दोयम दर्ज़े की नागरिकता स्वीकार कर लेने का आधार बनता है। ऐसे में आवश्यक है कि औरतों को शिक्षा के समुचित अवसर प्राप्त होने दिये जायें।

इस किताब में ज़ाहेदा हिना ने पाकिस्तान में औरतों की दशा-दिशा का प्रामाणिक विवरण दिया है। हमारे एशियाई मुल्कों में रंग-भेद, नस्ल-भेद आदि की समस्याओं पर जिस तरह मिलकर सोचने की प्रक्रिया शुरू हुई, उसके परिणामस्वरूप बहुत परिवर्तन आया है। लेकिन औरत की ज़िन्दगी के प्रति जो दृष्टि रही है, उसमें अपेक्षाकृत अभी वांछित परिवर्तन ने गति नहीं पकड़ी है। हिन्दुस्तान और पाकिस्तान, दोनों मुल्कों की स्त्रियों को यदि समान रूप से चेतनावान् बनाया जाय तो यह भी दोनों मुल्कों को नज़दीक लाने की एक सार्थक कोशिश साबित हो सकती है।

इसलिए डॉ. ताहिरा परवीन ने ज़ाहेदा हिना की किताब का हिन्दी में यह जो अनुवाद किया है, उससे हमारा हिन्दी समाज यह जान सकेगा कि औरतों के प्रति नज़रिये के मामले में दोनों देशों की दशा एक-सी है। यह किताब हिंदुस्तान और पाकिस्तान की औरतों को मिलकर अपने आज़ाद वजूद के प्रति जागरूक बनाने के लिए बहुत उपयोगी साबित होगी और हिन्दी में इसका स्वागत होगा- हमें ऐसा उम्मीद करनी चाहिए।

प्रो. राजेन्द्र कुमार
भूतपूर्व विभागाध्यक्ष हिन्दी विभाग, इलाहाबाद विश्वविद्यालय

स्त्री अधिकार की नयी आवाज़ ज़ाहिदा हिना-एक परिचय

ज़ाहिदा हिना हिन्दोस्तान में सूबा बिहार के शहर सहसराम में पैदा हुई, उनकी तालीम-ओ-तरबियत (शिक्षा और संस्कार) कराची में हुई और यहीं पर उनको रोज़गार भी मिला।

उन्होंने पहली कहानी नौ (9) वर्ष की उम्र में लिखी और फिर धीरे-धीरे तालीम का ऐसा रंग चढ़ा कि मुल्क भर में उनकी शोहरत और उनकी तहरीरें (लेखन) पसन्द की जाने लगीं। सोलाह (16) वर्ष की उम्र से उनके आलेख मुल्क की खास पत्रिकाओं में प्रकाशित होने लगे। वह एक अच्छी पत्रकार भी हैं और औरतों के मसअ्ले, उनके अधिकार, उनकी आज़ादी को लेकर आप शुरू से बेहद .फिक्रमंद (चिंतित) रही हैं। उनके आलेख औरतों के अधिकारों के संदर्भ में. खासे अहमियत रखते हैं और शायद यही सवाल रहा होगा कि वह ''अ़खबार-ए़-खवातीन'' (स्त्री विमर्श पत्रिकाओं) से जुड़ी रही और ''रोज़नामा'' मशिरक़ के लिए कॉलम लिखती रहीं।

ज़ाहेदा हिना औरत की पिछली दहाइयों से लेकर अब तक के स़फर तक, औरतों पर जो ज़ुल्म होते रहे हैं, उनकी आज़ादी की तरफदार रही हैं। लेखिका का ज़हन औरतों की आज़ादी उसके मसायूल उसके अधिकारों को लेकर काफी चिंतित रहता है। उनकी शोहरत न सिर्फ पाकिस्तान बल्कि हिन्दुस्तान में भी है। वह एक अच्छी कहानीकार के रूप में. खासी मशहूर हैं। उनकी कहानियों के दो संग्रह ''कैदी साँस लेता है'' और ''राह में अजल है'' पाकिस्तान और हिन्दुतान से प्रकाशित हो चुके हैं। उनका एक नोवेल 'न जुनुं सरहा न परी रही' भी प्रकाशित हो सचुका है। उनकी कहानियों के अनुवाद अंग्रेज़ी, हिन्दी, मराठी, बंग्ला और गुरमुखी (पंजाबी) भाषा में हो चुके हैं।

ज़ाहेदा हिना की एक. खुशक़िस्मती ये भी है बल्कि ये फ़ख़ की बात न सिर्फ उनके लिये बल्कि हम सबके लिये भी उनकी कहानी का 'अंग्रेजी अनुवाद' उर्दू के मशहूर शायर 'फैज़ अहमद फैज़'' ने किया था। इसी के साथ ही साथ ज़ाहेदा हिना

का नाम जैन ई मिलर की एडिटेड किताब Who's who in contemporary women's writing 2001 में शामिल है।

उर्दू सहाफत (पत्रकारिता) की दुनिया में भी ज़ाहेदा हिना का नाम किसी शोहरत का मोहताज नहीं। वह पिछले 15 वर्षों से रोज़नामा 'जंग' के लिए हफ्तावार कॉलम लिखती रहीं, इसके अलावा 'उर्दू न्यूज़' जद्दा 'इबरत' हैदराबाद में भी इनके कॉलम बराबर प्रकाशित होते रहे हैं। वह बी.बी.सी. उर्दू सर्विस से जुड़ी रही हैं। उन्होंने पाकिस्तान रेडियो और टी.वी. के लिए बहुत काम किये हैं। उनके कई सीरियल और खेल भी पाकिस्तान टी.वी. से प्रसारण हुए हैं। इसके लिए उनको कई 'दूसरी दुनिया' 2000 का बेहतरीन प्राइवेट प्रोडक्शन का P.T.V अवार्ड दिया गया। 2001 समें हिन्दुस्तान की सदर जम्हूरिया ने उनको 'सार्क अदबी' अवार्ड से नवाज़ा।

उनकी किताब 'औरत ज़िन्दगी का ज़िन्दाँ' का एक आलेख 'पाकिस्तानी औरत : आज़माइश की आधी सदी' जो अलग से Hamza Wahid Memorial Lecture-2002 इर्तेक़ा इस्टीट्यूट ऑफ सोशल साईन्सेज़ ने प्रकाशित किया है। जिसकी हिन्दी लिपि आपके सामने है। जिसमें ज़ाहेदा हिना सने औरतों के अधिकारों के लिये आवाज़ बुलन्द की है। उनकी इस फ़िक्र और नज़रिये को देख कर दिमाग़ में कई तरह के सवाल उभरते हैं—

(1) आख़िर औरतों को मर्द के बराबर क्यों नहीं समझा गया?
(2) क्यों औरत के हिस्से में आज भी मज़दूरी मर्द के मुक़ाबले में कम मिलती है?
(3) औरत पूरी तरह से आज भी आज़ाद क्यों नहीं है?
(4) क्यों औरत को ही घर पूरी ज़िम्मेदारी दी जाती है?
(5) घर और बाहर दोनों की ज़िम्मेदारी से औरत की सामाजिकता और मानसिकता पर.ख़राब असर पड़ता है इसका ज़िम्मेदार कौन है औरत, मर्द, समाज या घर?
(6) रस्म-ओ-रिवाज और समाजियात की इन गुत्थियों से नारी कैसे आज़ाद होगी?

इन सब सूरतों की ज़ाहेदा हिना ने न सिर्फ़ महसूस किया बल्कि कई तरह की रिपोर्टों से यह साबित भी किया कि औरतें जो पूरी तरह से ज़िम्मेदारियों में डूबी हुई हैं उनमें उनका कोई क़ुसूर नहीं क़ुसूर उनकी चारो तरफ़ फैली हुई मर्द सोसाइटी का है। जो उनको विरासत में मिला है। क्योंकि वो उसमें एक पतिव्रता स्त्री और एक शरीफ .ख़ानदान की लड़की का सुकून महसूस करती हैं जो उसको पैदा होते ही सिखाया जाता है कि पति तुम्हारा .ख़ुदा है, और वो इस मजाज़ी .ख़ुदा को पूजने में अपनी सारी ज़िन्दगी सर्फ़ (खर्च) कर देती हैं। इसीलिए ज़ाहेदा हिना औरत के बारे में कहती हैं—

"औरत पैदा हो तो बाप के अख़्तियार में रहे, शादी हो तो शौहर, और बच्चा होने के बाद बेटे के अख़्तियार में रहे।.खुद मुख़्तार हो कर कभी नहीं रही"

ये तो था पतिव्रता समाज में औरत का तसव्वुर अब उसकी ममता के इस रंग को भी देखिये जिसकी आप कल्पना भी नहीं कर सकते। औरत की ममता और उसकी ज़िम्मेदारी किस तरह उसको सताती है वो किस तरह अन्दर-ही-अन्दर ग़रीबी की आग में जलती रहती है, और हालत यहाँ तक पहुँच जाती है कि वो माँ जो ममता की मूरत कही जाती है, बच्चों की मरने की दुआएँ करने लगती है उसके मुँह से ऐसे जुमले निकलते हैं जो सिर्फ दिल ही नहीं दहलाते बल्कि 'ग़रीबी', 'भुखमरी' और रोटी जैसे सवालों की तरफ़ ज़हन को ले जाने पर मजबूर करते हैं और सवाल करते हैं कि आख़िर इसकी अहमियत क्यों है? ज़िन्दा रहने के लिये ये बुनियादी चीज़ें कितनी अहम् हैं देखिये एक माँ के वाक्यः

"मैं कभी-कभी दुआ करती हूँ कि मेरे बच्चे मर जायें, क्योंकि मैं उन्हें एक वक़्त भी पेट भर कर खाना नहीं खिला सकती।" (एक रिपोर्ट है पृष्ठ संख्या 55)

अब आगे ज़ाहेदा हिना कहती हैं, "एक तरफ वो मुफ़लिस (ग़रीब) औरतें जो भूख से बिलखते हुए अपने बच्चों को देखकर रोती हैं और उनके मर जाने की दुआ करती हैं, दूसरी तरफ़ वो पाकिस्तानी रियासत है जिसने उन्हें इस अज़ाब में गिरफ़्तार किया है, ...इस रियासत ने अपनी शहरी मज़लूम और.गरीब औरतों को मुफ़लिसी (ग़रीबी) बेचारगी और सदियों पुराने आज़ाब-नाक (तक़लीफ़ देनेवाले) रिवाजों के चुगुल से निकालने के लिये कुछ भी नहीं किया......एक तरफ़ शहर में बसनेवाली वह औरतें हैं जो अपने बच्चों की भूख मिटाने, उनकी ज़रूरतें पूरी करने के लिए अपने बदन बेच देती हैं।"

सच तो यह है कि यह पिदरी समाज (मर्दाना समाज) और जागीरदाराना समाज एक तरफ़ तो औरत से पूरे पतिव्रता होने की उम्मीद करता है तो दूसरी तरफ़ उसी औरत को आज के बदलते परिवेश में जिसे कॉल-गर्ल' और 'सेक्स वर्कर' के नाम से जाना जाता है। यही पिदरी समाज (मर्दाना समाज) उसे थोड़ी मदद करके उसके जिस्म की कैसे क़ीमत वसूलता है। आये दिन अख़बारों, पत्रिकाओं और टी. वी. चैनलों के ज़रिये यह ख़बरें प्रकाशित और प्रसारित होती रहती हैं।

सच तो यह है अब हमें यह सोचना होगा कि पाकिस्तानी औरत आज़ादी के बाद किस तरह और क्यों आज़माइशों से गुज़र रही है और इसकी बेहतरी के लिये जो संस्थाऐं बनायी गयी हैं वो क्या काम और किस स्तर का काम कर रही हैं? हमारे अदीब, लेखक, साहित्यकार, आलोचक औरत के बारे में किस तरह के ख़्याल रखते

हैं? क्या उनकी कथनी और करनी एक है? हमें इस मामले में एक राय होकर आगे आना चाहिए, इन्हीं सब सूरतों को लेकर ज़ाहेदा हिना अपने आलेख के अन्त में इस तरह कहती हैं–

"आज़माइशों से पाकिस्तानी औरत की नाजत, पाकिस्तान में जमहूरियत और हर क़िस्म के इस्तेहसाल (शोषण) और इम्तियाज (फ़र्क़) से बाला (ऊपर) समाज के क़याम की जद्दोजहद से अलग नहीं, पाकिस्तान के मर्द और औरतें, बच्चे और बूढ़े किसान और मज़दूर, तलबा (छात्र) और वकील और सहाफी (पत्रकार) मिल कर जद्दोजहद करेंगे तब ही हम एक बाइज़्ज़त समाज में ज़िन्दा रह सकेंगे और हम सब को इन आज़माइशों से नजात मिल सकेगी कि इन से हम दो चार हैं।"

ज़ाहेदा हिना पाकिस्तान में ज़ियाउल हक़ के हुकूमत के दौर में बहुत परेशान रहीं। उनकी तहरीरों (आलेखों) से ऐसा मालूम होता है कि पाकिस्तान में ज़ियाउल हक़ की हुकूमत एक तरह से ज़ालिम हुकूमत थी जिसका रवैया वहाँ 'women folk' के साथ बहुत .खराब रहा यहाँ तक कि थोड़ी बहुत ग़लतियों पर भी औरतों को सख़्त सज़ायें दी जाती थीं।

ज़ाहेदा हिना की मशहूर कहानी "तितलियाँ ढूँढ़नेवाली" इसकी बेहतरीन मिसाल है।

ज़ियाउल हक़ की हुकूमत ने इस्लामी पाबन्दियों में पाकिस्तान की औरतों को रखना चाहा, लेकिन इस्लाम में औरतों के लिये जो आजादियाँ और हुक़ूक़ (अधिकार) दिये गये उसका ज़िया हुकूमत ने कोई लिहाज़ नहीं किया। नतीजे के तौर पर औरतों का एक बड़ा हल्का (वर्ग) जिसमें पढ़ी-लिखी और समझदार औरतें दबे-दबे इस ज़ालिम हुकूमत के खिलाफ़ बग़ावत की। मगर हुकूमत का पंजा इतना सख़्त था कि ये औरतों की तहरीक (आन्दोलन) बहुत खुलकर सामने नहीं आ सकी। 1988 में ज़ियाउल हक़ के हवाई हादसे के बाद फिर पाकिस्तान में जमहूरी ताक़तों न सर उठाना शुरू किया, ज़ाहेदा हिना औरतों के इस गिरोह की नुमाइन्दा लेखक के रूप में ज़ाहिर हुई'।

उनकी ज़्यादातर कहानियाँ औरतों के ऐसे मसलों को लेकर 'औरत समाज' के दिल की आवाज़ बनती है।

अगरचे पाकिस्तान के इस्लामी माहौल में उन्हें (ज़ाहेदा हिना) ज़्यादा खुलकर बातें करने का आज भी मौका नहीं है, फिर भी वो जहाँ तक जा सकती हैं वो औरतों के हित की बात करती रहती हैं और उन्हें मर्द समाज के दबाव और किसी हद तक

ग़ुलामी से छुटकारा दिलाने की कोशिश में बहुत आगे हैं। यही उनका 'असल परिचय' है।

सज्जाद ज़हीर के इण्टरनेशनल सेमिनार में दुनिया के बहुत से शहरों में भ्रमण किया। सन् 2006 में इलाहाबाद भी आयीं और उन्होंने इस सेमिनार के माध्यम से अपनी बातें रखीं कुछ किताबों का यहाँ उन्होंने विमोचन भी किया, जिसमें मेरी किताब 'जदीद शायरात-ए-उर्दू नयी फ़िक्र और नये रास्ते भी शामिल थी।

आख़िर में उन तमाम लोगों का शुक्रिया जिन्होंने मुझे इस किताब को कार आमद बनाने में मदद की .खास तौर पर जनाब प्रोफेसर राजेन्द्र कुमार, प्राचार्या डॉ. लालिमा सिंह, डॉ. रितु जायसवाल, इलाहाबाद जिन्होंने किताब की तकमील में मदद की।

डॉ. ताहिरा परवीन
अस्स्टिेण्ट प्रोफेसर उर्दू
सदनलाल सॉवलदास खन्ना
महिला महाविद्यालय, प्रयागराज

प्रकाशकीय

'इर्तेक़ा सिलसिला' मज़ामीन (आलेख) के हिस्से के तोर पर प्रकाशित होनेवाला लेख 'पाकिस्तानी औरत : आज़माइश की आधी सदी' मुल्क की मशहूर आलोचक, कहानीकार और कॉलम निगार ज़ाहेदा हिना ने लिखा है। यह लेख सन् 2002 में हमज़ा वाहिद यादगारी सालाना लेक्चर के तौर पर पेश किया गया था। हमज़ा वाहिद यादगारी लेक्चर की शुरुवात इर्तेक़ा इन्स्टीट्यूट ऑफ सोशल साइन्सेज़ ने 2001 में किया था। यहाँ इस लेक्चर सीरीज़ की पृष्ठभूमि और साथ ही आलेख सकी लेखिका की लेखिका ज़ाहेदा हिना का परिचय पाठकों की .खिदमत में पेश किया जा रहा है।

जैसा कि लेक्चर सीरीज़ के नाम से भी स्पष्ट है, इस सीरीज़ को प्रोफ़ेसर हमज़ा वाहिद के नाम से डेलीगेटेड किया गया किया है। प्रोफेसर हमज़ा वाहिद एक ईमानदार और रोशन .फिक्र इन्सान, एक दर्दमन्द समाजी कारकुन और एक अच्छी उस्ताद (शिक्षिका) थीं। वह उन उस्तादों (शिक्षिकाओं/शिक्षकों) में से नहीं थीं जो महज़ किताबों में दर्ज़ इबारतों को छात्रों के सामने दुहरा देने और उनकी जैसी-तैसी व्याख्या कर देने ही को अपना फर्ज़-ए-मक़सद समझते हैं, बल्कि उनका शुमार ऐसे उस्तादों में होता है जो छात्रों को समाजी हालत से फ़ायदा पहुँचाने और उनकी ज़िन्दगियों को एक साकारात्मक दिशा की तरफ ले जाने को अपना मक़सद समझते हैं। प्रोफेसर हमज़ा वाहिद अपनी ज़िन्दगी को भी इल्म (शिक्षा) और अमल (काम) की एक बेहतरीन हैसियत रखती थीं। इसी मक़सद को उन्होंने अपने छात्रों की ज़िन्दगियों में भी तराशने की कोशिश की।

हमज़ा पहली अगस्त 1924 ई. को पैदा हुई 1953 ई. में जेकिब लाईन स्कूल से मैट्रिक किया। कराची विश्वविद्यालय से 1963 ई. में बी.एस.सी-. और फिर 1976 ई. में फिज़िक्स में वह पहली .खातून (औरत) पाकिस्तान कॉलेज और फिर

कराची कॉलेज फार विमेन में फिज़िक्स की डिमाइंसटरेट और बाद में लेक्चरार के तौर पर ख़िदमात अंजाम देती रहीं और एसोशिएट प्रोफ़ेसर के तौर पर रिटायर हुईं।

हमज़ा सियासी और उससे बढक़र एक मिसाली समाजी कारकुन थीं और अलग-अलग गिरोह और वर्गों ने उनकी ख़िदमात की वजह से उन्हें सभी वर्गों का हरदिल अज़ीज़ (चहीता) शख़्सियत बना दिया। सैलाब से पीड़ित लोगों की बहाली का काम हो, छात्र आन्दोलन हो या मज़दूरों की जंग या शिक्षकों की संस्था, पाकिस्तान कॉलेज टीचर्स एसोसिएशन, वह हर लड़ाई पर आख़िरी दम तक सरगर्म रहीं, औरतों की तालीम (शिक्षा) उनका ख़ास मिशन था, इसके लिए उन्होंने गर्ल्स स्टूडेण्ट्स कांग्रेस में अपनी ख़ास साथियों के साथ मिलकर नाज़िमाबाद में लड़कियों का मिसाल स्कूल स्थापित किया। इसी दिशा में उनकी कोशिशों से ड्रग कालोनी और न्यू कराची में भी कई संस्थाएँ काम करती रहीं। उनका एक यादगार काम विलायता बाद में जो मज़दूरों और मध्यमवर्गीय तबके की आबादी है, एक मद्दगार डिस्पेन्सरी का क़याम है।

हमज़ा वाहिद ने अपने लिये अवाम दोस्ती (जनता की दोस्ती) और इंसानी अधिकारों की जद्दोजहद का जो रास्ता चुना था, उसमें वह अकेली न थीं। ख़ुश क़िस्मती से उनका ताल्लुक (सम्बन्ध) एक ऐसे घराने से था जिसका हर शख़्स (व्यक्ति) इसी रास्ते का हमसफ़र और हमनज़र था। जो अपने भाइयों की इकलौती बहन थी। उनके पाँचों भाई प्रगतिशीलता की जद्दोजहद में उनके साथ रहे। उनमें से एक जनाब शरफ अली कम्युनिस्ट पार्टी के कारकुन और रहनुमा (रास्ता दिखाने वाले) के तौर पर हमेशा याद रखे जायेंगे। हमज़ा अपने भाइयों से सिर्फ़ आम जज़्बाती लगाव न रखती थीं बल्कि उनके ज़हनी रूझान से भी प्रभावित थीं और उन्होंने अपनी सारी ज़िन्दगी इन्सानियत के लिए और इन्सानों की भलाई और उनकी बेहतरी की मंज़िल हमज़ा पाकिस्तान के मशहूर और इज़्ज़तदार आदरणीय ट्रेड यूनियन कारकुन जनाब वाहिद बशीर की बीवी थीं।

हमज़ा वाहिद यागदारी लेक्चर का मक़सद हमज़ा वाहिद की याद को ताज़ा रखना ही नहीं है बल्कि इसका मक़सद यह भी है कि उनकी रूह (आत्मा) को ख़ुश करना और उन्हें श्रद्धांजलि देना, जिस लाज़वाब जद्दोजहद में हमज़ा ने एक शख़्स (व्यक्ति) की हैसियत से अपना किरदार अदा किया ताकि उनकी इस जद्दोजहद की अहमियत (महत्त्व) को उजागर किया जाता रहे।

•

पाकिस्तानी औरत : आज़माईश की आधी सदी

2002 ई. के मौसम-ए-बहार में यह ख़याल मुझे उदास कर देता है कि पाकिस्तानी औरत के लिये लाला-ओ-गुल की ख़ुशबू अभी बहुत दूर है। आज मैं 'पकिस्तानी औरत : आज़माइश की आधी सदी' विषय पर बात करने के लिए हाज़िर हुई हूँ तो निगाहों में नौ उम्र लड़की का रौशन ग़िलाफी चेहरा और मोटी सलकोंवाली आँखें घूम जाती हैं। इस लड़की की तस्वीर मेरे बचपन और कम उम्र में हर साल 14 अगस्त के अख़बारों के आज़ादी एडीशन में छपती रहीं। यह बात मुझे बहुत बाद में मालूम हुई कि उस तेरह साल की (13) लड़की का नाम. फातिमा सुगरा था और वो फरवरी 1946 ई. की किसी तारीख को लाहौर में निकलनेवाले औरतों के एक जुलूस में शामिल हुई थी। यही फ़ातिमा सुगरा थी जो 'पाकिस्तान-ज़िन्दाबाद' का नारा लगाती हुई पंजाब सेक्रिटेरिएट के दरवाज़े पर चढ़ गयी थी यूनियन जैक उतार फेका था और उसकी जगह मुस्लिम लीग का झण्डा लहरा दिया था।

इस वक़्त मुझे वो तमाम लड़कियाँ और औरतें याद आ रही हैं जो पाकिस्तान के आन्दोलन में लीन थीं और जिन्होंने अपने अधिकार के लिए नहीं बल्कि सामूहिक आज़ादी के लिये सदियों पुरानी परम्पराओं को छोड़ा था और सड़कों पर निकली थीं। लाहौर की वह तीन गुमनाम नक़ाबपोश लड़कियाँ जिन्होंने 14 फरवरी 1946 ई. को लाहौर जेल पर मुस्लिम लीग का परचम (झण्डा) लहराया था। 16 जून, 1946 ई. को मध्यमवर्गीय और निचले वर्ग से सम्बन्ध रखनेवाली और घरेलू कामकाजी औरतों की रैली का नेतृत्व करनेवाली ग्यारह साल की सय्यदा बानो जो उसमें शिरकत के लिए दिल्ली से लाहौर आयी थीं, जिसके जोश भरे भाषणों ने दिल्ली से लाहौर तक उसे औरतों की सियासी, राजनीतिज्ञ सभाओं का मुखिया बना दिया था। उच्च वर्ग की एम इसफहानी सिद्दिक़ अली ख़ाँ, बेग़म क़ाज़ी।

ईसा, लेडी मेरातिब अली, बेग़म सलमा तसद्दुक़ हुसैन, शाह नवाज़ लेडी अब्दुल क़ादिर, लेडी हारून शाइस्ता, इकराम उल्ला, फातिमा बेग़म, नूरुस्सबा बेग़म,

मिस क़ुरैशी और उनके अलावा हिन्दुस्तान भर में फैली हुई वह तमाम प्रसिद्ध और गुमनाम लड़कियाँ और औरतें जिन्होंने मुस्लिम लीग पाकिस्तान बनाने की माँग के पक्ष में दिन-रात एक कर दिये थे। लाठियाँ खायी थी, हवालात में बन्द हुयी थी। जिनका यह पक्ष शर्तिया था जिन्होंने मुस्लिम लीग के किसी भी नेता से यह सवाल नहीं किया था कि पाकिस्तान बन गया तो क्या हम औरतों को भी कुछ अधिकार मिलेंगे?

इन औरतों को जगाने और पाकिस्तान के आन्दोलन में शामिल करने के लिए जिन्ना साहब ने 1942 ई. से उन्हें ख़ास तौर से बात करना शुरू कर दिया था, औरतों की एक उप समिति भी बनायी थी जिसका उद्देश्य उनकी समाजी, आर्थिक और सांस्कृतिक सुधार के लिए प्रस्ताव रखना था। 26 अप्रैल 1943 ई. अप्रैल 1943 ई. को दिल्ली में मुस्लिम लीग के वार्षिक आयोजन में लियाक़त अली खाँ ने एक प्रस्ताव पेश किया जिसे सर्वसम्मति से स्वीकार कर लिया गया था। इस प्रस्ताव में यू.पी, बिहार, पजांब, बम्बई, सीपी, आसाम, सिन्ध, बिलोचिस्तान, दिल्ली, उत्तर पश्चिम सरहदी सूबा और मद्रास से सम्बन्ध रखनेवाली औरतों के नाम मुस्लिम लीग महिला उपसमिति में शामिल किये गये थे।

पाकिस्तानी आन्दोलन के लिए औरतों की हिमायत (पक्ष में) में किस क़द्र ख़ास थी और उनका उस वक्त की केन्द्रीय राजनीति में शमिल होना मुस्लिम लीग के नेतृत्व के लिए कितनी अहमियत रखता था उसका अन्दाज़ा जिन्ना साहब के 1944 ई. के इस भाषण से लगाया जा सकता है जो उन्होंने अलीगढ़ में दिया था और जिसमें कहा था—

"यह इंसानियत के खिलाफ़ एक जुर्म है कि हमारी औरतें घरों की चार दीवारी में क़ैदियों की-सी ज़िन्दगी गुज़ारें, हमारी औरतें जिन शर्मनाक हालात में ज़िन्दगी गुज़ारने पर मजबूर हैं उसका कोई औचित्य नहीं है। आप अपनी औरतों को ज़िन्दगी के हर पक्ष में कामरेड की तरह लेकर चलो।"

मुसलमान औरतें पाकिस्तान की हिमायत (पक्ष में जिस हद तक आगे गयी, उसका अन्दाज़ा उस बात से कीजिये कि पेशावर जहाँ आज इक्कीसवीं सदी में भी औरतें बुरक़े या चादर में निकलती हैं, वहाँ सैकड़ों औरतों ने अप्रैल, 1947 ई. में नक़ाब या पर्दों के बग़ैर जुलूस निकाला था यह भी पठान की औरते थीं, जिन्होंने उन्हीं दिनों 'पाकिस्तान ब्राडकास्टिंग' के नाम से एक ख़ुफिया रेडियो स्टेशन क़ायम किया था। जिसका पता 14 अगस्त 1947 ई. तक नहीं लगाया जा सका।

आज मुझे यह तमाम औरतें और उनकी बेग़र्ज़ जद्दोजहद याद आती है। मैं सोचती हूँ कि वह तमाम औरतें और लड़कियाँ उस वक़्त पाकिस्तान के सियासी हालात को हासिल करने में सरगर्म (डूबी) थी। आज अगर वो ज़िन्दा हैं, या वह जो ख़त्म हो चुकी हैं अगर चन्द घण्टों के लिये ज़िन्दा हो जाये तो क्या उनके ज़ेहन (दिमाग़) में कई सवाल नहीं उठेंगे? क्या वह नहीं सोचती होंगी कि इसी पाकिस्तान के लिए उन्होंने सैकड़ों सैकड़ों साल पुरानी प्रचलित रस्मों से बग़ावत की थी जहाँ आज करोड़ों लड़कियाँ और औरतें .ख़त्म न होनेवाली आज़माइश में परेशान हैं और हर आनेवाला दिन उसमें बढ़ोतरी कर रहा है। इन जद्दोजहद के दौरान उन्होंने अपने लिये कोई अधिकार नहीं मांगा था और जान हथेली पर रखकर एक आज़ाद मुल्क के ठहरने की जद्दोजहद में सड़क़ों पर निकली थीं तो क्या उन्हें पाकिस्तान के आन्दोलन के लीडरों से, पाकिस्तान बनानेवालो से सवाल करने का कोई हक़ नहीं पहुँचता? क्या वह यह नहीं पूछ सकती कि उन्हें एक ऐसे पाकिस्तान के. ख्वाब क्यों दिखाये गये जहाँ औरत को 'कामरेड' होने की .ख़ुशख़बरी सुनायी गयी थी और जहाँ वह 'कारी' (बलात्कृत) बना दी गयी जहाँ उससे बाज़ वो अधिकार भी छीन लिये गये जो हिन्दुस्तान पर ज़बरदस्ती क़ब्ज़ा करनेवाले अंग्रेज़ों ने उसे दे दिये थे।

''पाकिस्तानी औरत : आज़माइश की आधी सदी'' पर बात करने से पहले जी चाहता है कि बँटवारे से पहले और बाद के दूसरे कष्टदायी मामले बहस में लाये जायें। इस बात का इरादा किया जाये कि 'पाकिस्तानी औरत' कौन थी और कब सियासी और रियासती तौर पर अस्तित्व में आयी इस हवाले से देखा जाये तो हक़ीक़त यह है कि पाकिस्तान के मुतालबे और .ख़ास तौर पर हिन्दुस्तान के बँटवारे की घोषणा और सीमाओं (सरहदों) के तय होने की शुरुआत के साथ ही पाकिस्तानी औरत वजूद में आ गयी थी। यह तमाम मुसलमान औरतें जिन्होंने रेफरेण्डम में सर्वसम्मत से पाकिस्तान के लिए वोट दिये जो पाकिस्तान के नाम पर पाकिस्तान बनने से पहले और पाकिस्तान की तरफ़ सफर करते हुए क़त्ल हुई, बेइज़्ज़त हुईं, खेतों-खलिहानों में भूखी मरीं। जिनकी इज़्ज़त बचाने के लिए उनके मर्दों ने .ख़ुद उन्हें क़त्ल किया। जो कुँओं में कूद गयीं, यह सब-की-सब पाकिस्तानी औरतें थीं। जो पाकिस्तान की .ख़ातिर नाक़ाबिले बयान आजमाइशों से गुज़री। इसी तरह वह तमाम औरतें जो हिन्दू या सिक्ख थीं और जो कम संख्या में पंजाब और सिन्ध में आबाद थीं। सरहद हासिल करके हिन्दुस्तान में दाख़िल होने के समय तक 'पाकिस्तानी' थीं। यह वह भी थीं जिन्हें उनके मुसलमान पड़ोसियों ने उपभोग की वस्तु समझा

वह पंजाब के देहातों और शहरों में पाकिस्तानी होने के दावेदार मुसलमानों के हाथों बलात्कार (RAPE) क़त्ल और गलियों में नंगी घुमाये जाने के दर्द से गुज़रीं। 10 मार्च 1947 ई. और 15 को ज़िला रावलपिण्डी के गाँव बीवाल और तोहा .खालिसा में सिक्ख और हिन्दू औरतों पर जो गुज़री पाकिस्तान बन जाने के बाद 26 अगस्त 1947 ई. पाकिस्तानी कैम्पों में उनके साथ जो कुछ भी हुआ मैं उसे पाकिस्तानी औरत की आज़माइश समझती हूँ। पाकिस्तान की सरहदों में मौजूद उन सिक्ख और हिन्दू औरतों में से सैकड़ों ऐसी थीं जिन के मर्दों ने उन्हें .खुद अपने हाथों से .ख़त्म किया जिन्होंने अपनी बेइज़्ज़ती के बजाए ज़िन्दा जल जाना या कुँओं में कूद जाना पसन्द किया। यह हिन्दू और सिक्ख औरतें भी पाकिस्तानी थीं। इन तमाम औरतों की ज़िन्दगी और उनकी इज़्ज़त की सुरक्षा हुकूमत-ए-पाकिस्तान की ज़िम्मेदारी थी।

मैं जब यह प्रश्न उठाती हूँ तो मुझसे कहा जाता है कि हुकूमत-ए-पाकिस्तान के पास वो सुविधाएँ नहीं थीं, जिनसे वह अपने शहरियों की जान, माल और इज़्ज़त-ओ-आबरू की सुरक्षा कर सकती। यह जवाब मुझे चन्द लम्हों के लिए .ख़ामोश कर देता है फिर मुझे पाकिस्तान की धरती पर मौजूद हिन्दू और सिक्ख औरतों के साथ होने वाले वह ज़ुल्म याद आते हैं जो 1948 ई. तक जारी रखे गये थे। लेकिन मैं .खामोश रहने ही में अपनी भलाई समझती हूँ। मुझे .खयाल आता है कि चलो उन बेबस और बेआसरा औरतों के लिए पाकिस्तानी सिपाहियों की संगीनें मौजूद न थीं लेकिन हमदर्दाना बयानात से तो उनके आँसू पोछे जा सकते थे। मैं फौरन 11 अगस्त 1947 ई. के इस भाषण को निकाली हूँ जो पाकिस्तान की बुनियाद रखनेवालों ने कराँची में पाकिस्तान की क़ानूनसाज़ असेम्बली में उद्घाटन समारोह में की थी और जो पिछले पचपन वर्षों से प्रसिद्ध है। मुझे विश्वास है कि इस भाषण में जिन्ना साहब ने औरतों पर होनेवाले उन ज़ुल्मों के हवाले से अपने रंज-ओ-गम का बयान किया होगा इसलिए कि पंजाब के देहात और शहर उस वक़्त .खून में डूबे हुए थे और अगर उन्होंने इस मामले पर अपने विचारों को उचित न जाना होगा। तो कम से कम पाकिस्तानी औरतों की बराबरी का हक़ देने और उनकी बेहतरी की बात तो की ही होगी। मैं इस भाषण को पढ़ती हूँ। इसमें पाकिस्तान के शहरी मुसलमानों, हिन्दुओं, सिक्खों और ईसाइयों की मज़हबी आज़ादी का ज़िक्र है। इसमें अपने .ख़ानदान का पालन-पोषण करना चोरबाज़ारी और रिश्वत लेने आदि पर रोक लगायी गयी है हद तो यह है कि ईंट और पत्थर से बनी हुई मस्जिदों, मन्दिरों, गुरुद्वारों और गिरजाघरो का वर्णन है। लेकिन गोश्त-पोश्त की इस मुसलमान, हिन्दू

और सिक्ख औरत का कोई ज़िक्र नहीं है जो पाकिस्तान की क़ीमत अपने शरीर की बेइज़्ज़ती और जिस्मफरोशी से अदा कर रही थी। इस भाषण में एक बार भी शब्द 'औरत' इस्तेमाल नहीं हुआ है। इसके अधिकार की बात नहीं की गयी है। कैसी दिलचस्प बात है कि पाकिस्तान के लिए होनेवाले रेफरेण्डम में (सर्व सम्मति से) मुसलमान औरतों के वोट तो हासिल किये गये लेकिन जब पाकिस्तान बनने के बाद आज़ादी के बँटवारे की बात आयी तो यह औंरतें यूँ भुला दी गयीं जैसे उनका वजूद (अस्तित्व) ही नहीं था।

1947 ई. के .खूनी क़िस्से पर आज याद-ए-फरामोशी (भूल जाने की) की एक मोटी तह जम चुकी है। लेकिन सरकारी काग़ज़ात और किताबों में उन बर्बाद औरतों और बच्चों की पूरी दास्तान मौजूद है जिन्हें पाकिस्तानी हुकूमत ने बे-आसरा छोड़ा यह अपहरण की गयी औरतें जो फसादों के दौरान बर्बाद हो गयीं और उनके वह बच्चे जिनके बाप फ़साद करनेवाले गुण्डे थे, पाकिस्तानी पुलिस और क़ानून लागू करनेवाली एजेंसियों के जवान उनमें शामिल थे। उन बच्चों और उनकी माँओं पर क्या गुज़री किसी को याद नहीं। अपहरण की गयी औरतों को वापस लाने का काम 9 नवम्बर, 1947 तक जारी रहा। यहाँ मैं सिर्फ उन 1600 सौ अपहृत औरतों का ज़िक्र करूँगी जो फरवरी और मार्च 1948 के दौरान गंगा राम अस्पताल में लायी गयी और पुनर्वास के कमिश्नर राजा ग़ज़नफ़र अली .खाँ जिनकी 'अयादत' (बीमार को देखने जाना) को आये। उन पर जो कुछ भी गुज़री वह पाकिस्तान की सरज़मीन पर और पाकिस्तान के सरकारी .खजाने से तन्.ख्वाह लेनेवाले जवानों के हाथों गुज़रीं लेकिन पाकिस्तान बनानेवाले किसी लीडर ने उन बर्बाद-शुदा औरतों को इस हाल तक पहुँचानेवालों को तलाश करना और सज़ा देना तो दूर की बात है उनके साथ हमदर्दी के दो बोल नहीं कहे। यह नहीं स्वीकारा गया कि पाकिस्तान बन जाने और फसादों की आग बुझ जाने के बाद उन औरतों की सुरक्षा पाकिस्तान की ज़िम्मेदारी थी। यह तो सिर्फ़ एक 'खेप' का क़िस्सा है। ऐसी तो हज़ारों औरतें और लड़कियाँ थीं। पाकिस्तान रियासत ने नवम्बर, 1947 में अपहरण की गयी औरतों को वापस किये जाने के बारे में हिन्दुस्तान से एक वादे पर हस्ताक्षर किये थे। लेकिन इस वादे पर जिस आधे दिल से अमल हुआ इसका अंदाज़ा हिन्दुस्तानी क़ानून बनानेवाले पार्लमेण्ट में होनेवाली उन कार्यवाहियों से लगाया जा सकता है जो महीनों चलती रहीं और जिनमें हुकूमत-ए-पाकिस्तान के रवैयों पर बहस होती रही। यह बहस इस बात की तरफ़ .खास तौर से इशारा करती है कि शुरुआत ही से पाकिस्तानी औरतों

पर गुज़रनेवाले कष्टों के बारे में जानने और इस डरावनी सूरत-ए-हाल में उनकी मदद-करने से किस क़दर कम दिलचस्पी थी।

मैंने अपनी बात की शुरुआत भुला दी जाने वाली औरतों के ज़िक्र से इसलिए की है ताकि यह बात साफ़ हो सके कि पाकिस्तानी रियासत ने शुरू से औरतों की परेशानी को नज़रअन्दाज़ करने का रवैया अख़्तियार किया।

सच तो यह है कि हिन्दुस्तान और पाकिस्तान दोनों मुल्कों में यह रवैया इस क़दर आम था कि मई 1948 ई. में बहावलपुर में दो पाकिस्तानी और पटियाला में दो हिन्दुस्तानी समाजी काम करनेवाली अपहरण की हुई औरतें हिन्दू, सिक्ख और मुसलमान औरतों की .खराब हालत के बारे में अपनी हुकूमतों की लापरवाही के ख़िलाफ़ भूख हड़ताल करने पर मजबूर हुईं। सूरत-ए-हाल को पेश करते हुए 24 मई 1948 ई. को लाहौर में ब्रिटिश डिप्टी हाई कमिश्नर एच. एस. स्टीफिशन ने कराची में तैनात हाई कमिश्नर को एक रिपोर्ट में लिखा।

“हक़ीक़त यह है कि सियासी लीडर इन औरतों के बारे में कुछ भी कहे लेकिन इनकी .खराब हालत (जनता के स्तर) अवामी सतह पर लोगों के शौक़ और सलीक़े को बेदार करती है और न सरकारी काम करनेवालों के कान पर जूँ रेंगती है। जिस मज़हबी गिरोह से वह नफ़रत करता है इसकी औरतों को (अपने लोगों के क़ब्ज़े से) वापस आने के लिये वह अपनी ही बिरादरी के लोगों के ख़िलाफ़ कार्रवाई के लिये तैयार नहीं... अगर उन लोगों के ख़िलाफ़ ज़्यादा स.ख़्त किया गया तो इसका नतीजा बड़े पैमाने पर क़त्ल-ए-आम की सूरत में निकलेगा” कैसा सितम है कि वह मुल्क के क़याम की सबसे भयानक जिस्मानी, ज़हनी, जज़्बाती और समाजी क़ीमत पर पाकिस्तान का .ख़्वाब देखनेवाली औरतों ने अदा की, इसी मुल्क़ के अच्छे काम करनेवालों ने उच्च कोटि में लोगों (Elite) ने उनके लिय वो नहीं किया जो उनका फ़र्ज़ था। पाकिस्तान में क़दम रखने के बाद विभिन्न (बाहर से आकर पाकिस्तान में बसनेवाले) कैम्पों में पनाह लेनेवाली सैकड़ों लड़कियाँ और औरतें जिन बेपनाह जिस्मानी ज़हानी और रूहानी (धार्मिक) परेशानियों से गुज़रीं, उनकी परेशान हालत का ज़िक्र हिन्दू और सिक्ख अगवा औरतों (ढूँढ़ निकालने का काम) के लिए लाहौर में हिन्दुस्तानी हुक़ूमत की तरफ़ से तैनात होनेवाली कमला बहन पटेल ने किया है जिन्होंने 1947 ई. से 1952 ई. का ज़्यादा वक्त लाहौर में गुज़ारा।

पाकिस्तान के उच्च वर्ग (Elite) ने औरतों के मसायल-(परेशानियाँ) ओ-मामलात को नज़रअन्दाज़ करने का जो रवैया पहले दिन से अ.ख्तियार किया, वो न सिर्फ यह कि जारी रहा बल्कि वक़्त के साथ मज़हब के नाम पर वह ज़्यादा ना इन्साफ और

एकतरफा ढंग का होता गया। इस हवाले से अगर यह बात कही जाये तो किसी को नागवार (ख़राब नहीं) नहीं गुज़रनी चाहिए कि पिछले पचपन वर्षों से पाकिस्तानी औरत जिस मुसीबतों और आज़माइशों में मुबतला (परेशान) है उसकी बुनियादी ज़िम्मेदारी पाकिस्तानी रियासत पर आयद (लागू) होती है।

पाकिस्तान बनने के वक़्त पाकिस्तानी समाज में औरत की सियासी, समाजी और आर्थिक हालत बयान करने के क़ाबिल नहीं थी। मग़रिबी पाकिस्तान (पश्चिमी पाकिस्तान) में सदियों से क़बाइली, (जत्था/समूह) नीम क़बाइली (अर्द्ध जत्था) और जागीरदाराना समाज क़ायम (स्थापित) था। इसी वजह से ब्लूचिस्तान, सरहद और सिन्ध की औरत ज़्यादा दमन और शोषण का शिकार थीं बल्कि पंजाब की औरत इन तीनों सूरतों के मुक़ाबले बेहतर सूरत-ए-(अच्छी) हाल में थीं। यहाँ लड़कियों के लिए जमे-जमाये स्कूल और कालेज पाये जाते थे, तालीम और डॉक्टरी का काम हकीमी विभाग औरतों के लिए सबसे सुरक्षित समझा जाता था। चुनांचे (इसलिए) निचले और मध्यमवर्गीय और उच्चवर्गीय की ज़्यादातर पढ़ी-लिखी औरतें इन्हीं विभागों से जुड़ी थीं। इधर सिन्ध के एक हिस्से में अपने वतन को छोड़ करके आनेवालों के ख़ास समाजी और तहज़ीबी (कल्चरल) हालात के सबब (कारण ख़ास करके कराची में और कम पढ़ी-लिखी शहरी औरत का जमाव होने लगा था।

पाकिस्तान एक नया मुल्क था और यहाँ का हर तबक़ा (वर्ग) नये हालात से अपने आपको क़रीब करने और साथ क़दम मिलाकर चलने की कोशिश करने और एक आज़ाद समाज में अपने अधिकारों और अपने कर्त्तव्यों को समझने की कोशिश में मसरूफ (व्यस्त/लगा) था। राजनीतिज्ञ पावर (अधिकार) चूँकि मुल्क के पश्चिमी हिस्से में था इसलिए यहाँ के मर्द जमहूरियत (जनतन्त्र) के सफर को आगे बढ़ाने के बजाय रियासत हासिल करने ही को अपनी मंज़िल समझकर सन्तुष्ट हो गये थे और पावर (अधिकार) की बन्दरबाँट में व्यस्त थे। ऐसे में औरतों से सियासी तौर पर काम करने की उम्मीद करना बेकार था। इसलिए 1948 में औरतों के आर्थिक अधिकारों के लिए बेगम शाइस्ता इकराम उल्ला और बेग़म जहाँआरा शहनवाज़ ने आवाज़ बुलन्द की और बजट सेशन में इस मसले पर बहस हुई उस सिलसिले में एक बिल पेश होनेवाला था जिसे ऐन वक़्त पर रोक दिया गया। इस सूरत-ए-हाल के ख़िलाफ़ विरोध के लिए बेग़म जहाँ शहनवाज़ की लीडरशिप में लाहौर की सड़क़ों पर सैकड़ों औरतों ने जुलूस निकाला ओर अपने अधिकारों के लिए आवाज़ बुलन्द की। इस गुस्से (विरोध) का नतीजा यह निकला कि औरतों को

विरासत में शहरी और सम्पत्ति के अधिकार मिलने हासिल हो गये यह अलग बात है कि आज भी ज़्यादातर ख़ानदानों में औरतें उन अधिकारों से वंचित रखी जाती हैं।

मशहूर मौलवियों, उल्माओं और पढ़े-लिखे लोगों ने शुरू ही से औरतों के अधिकारों और उसके क़ानूनी रास्ते में रोड़े अटकाये। औरतों के लिए केन्द्रीय और सूबे की असेम्बलियों में ख़ास मीटिंगों, बैठकों का कोटा (5) फ़ीसदी रहा। मार्क्सवादी लीडर ताहिरा मज़हर अली ख़ाँ जैसी कुछ औरतों ने 1942 में लाहौर में जमहूरियत पसन्द औरतों की एक संस्था बनायी। इस संस्था की माँगों में मज़दूर और नौकरी पेशा औरतों के लिए बराबर तनख़्वाह लड़कियों और औरतों के लिये बराबर शिक्षा देने की सहूलियतों को हासिल करना और नौकरी के लिए नये मौक़े की बात की गयी थी। इस संख्या की दूसरी शाखा कराची में कई वर्षों बाद 1969 में स्थापित हुई।

1948 में शुरुआत ही में पाकिस्तान के पहले वज़ीर-ए-आज़म (प्रधानमन्त्री) लियाक़त अली ख़ाँ की बेगम राना लियाक़त अली ने यह महसूस किया कि पाकिस्तान के आन्दोलन का मक़सद हासिल हो जाने के आद सियासी तौर पर काम करनेवाली औरतें एक बार फिर घर की चार दीवारी में बेमक़सद ज़िन्दगी गुज़ार रहीं हैं। इस वक़्त मुल्क के पास बहुत-सी समस्याएँ थीं। इसीलिये उन्होंने 1948 ई. के शुरुआती महीने में यह फ़ैसला किया कि पाकिस्तानी औरतों को जगाना चाहिए। उन्होंने औरतों के लिये पाकिस्तानी नेशनल गार्ड विमेन्स न्यूल रेज़वर नामी दो आधी सुरक्षित संस्थाएँ खोलीं यह दोनों संस्थाएँ हाँलाकि वज़ीर-ए-आज़म (प्रधानमन्त्री) की बेगम (पत्नी) की तरफ़ से और सरकारी सरपरस्ती (निर्देशन/निगरानी) में स्थापित की गई थीं इसके बावजूद पीछे चलनेवाले तत्त्वों और ख़ास कर मौलवियों की तरफ से उन दोनों सस्थाओं का ख़ास विरोध किया गया। लियाक़त अली ख़ान के क़त्ल के बाद जब औरतों की उन संस्थाओं को सरकारी सरपरस्ती (सरकारी देख-रेख) हासिल नहीं रही तो आख़िरकार यह ख़त्म कर दी गयी। बेगम राना लियाक़त अली ख़ाँ ने 22 फरवरी 1949 को कराची में औरतों की समाजी और जनसेवक संस्था 'अपवा' (बिला वजह कोई बात मशहूर कर देना) स्थापित की। उसने शुरू के दिनों में औरतों की भलाई के लिए बहुत काम किये लेकिन इस संस्था का भी कड़ा विरोध हुआ। हद तो यह है कि बेगम राना लियाक़त अली और साथी औरतों की बैठकों का मौलवियों, इस्लाम और दूसरी धार्मिक संस्थाओं ने बहुत विरोध किया और उनके ख़िलाफ़ इतनी गालियाँ दीं कि पढ़ी-लिखी समाजी स्तर पर पर्दा न करनेवाली और काम करनेवाली औरत को प्रायः 'आवारा' समझने का रवैया मज़बूत होने लगा। इस

रवैये ने पश्चिमी पाकिस्तान में मध्यमवर्गीय औरतों को सियासी तौर पर लगभग निष्क्रिय (काम न करने पश्चिमी पाकिस्तान में मध्यमवर्गीय (काम न करने के लायक बना दिया) कर दिया। उसने शिक्षा प्राप्त करने और आर्थिक समस्याओं से निकलने के लिए शिक्षा-विभाग या स्वास्थ्य-विभाग में छोटी-मोटी नौकरी हासिल करने को अपनी कामयाबी समझा।

मुल्क में पूरब की संस्कृति की राजनीतिक स्थिति इससे बिलकुल अलग थी। आबादी में ज़्यादा होने के बावजूद संस्कृति का उद्गम पश्चिमी हिस्से में था जहाँ से पूरब के हिस्से में रहनेवालों के नाम अलग-अलग आदेश जारी किये जाते थे। व्यवहार सामान्य रखा जाता था जो उपनिवेश के पाठ में आकाओं (लीडरों) का होता है। हुकूमत में सम्मिलित होने से वंचित होने और एहसास-ए-बेबसी ने जब पूर्वी हिस्से के मर्दों को सियासी तौर पर बेचैन किया तो वहाँ की औरतें भी अपने अधिकारों के लिए चलती-फिरती (जागती) हुई दिखायी दी और बंगाली लड़कियाँ, छात्रों के जमहूरी आन्दोलन में बढ़-चढ़ कर हिस्सा लेने लगी। यही वजह है कि बँगला को राष्ट्रीय (कौमी) भाषा बनवाने के आन्दोलन में हमें बंगाली लड़कियों और औरतों की ज़्यादा संख्या में हिस्सा लेती हुईं और लाठियाँ खाती हुई नज़र आती हैं। मुल्क के पूर्वी हिस्से में सियासी बेचैनी में जैसे-जैसे बढ़ोत्तरी हुई, उसी रफ़्तार से बंगाली औरतें विभिन्न सियासी आन्दोलन और संस्थाओं में लीन हुईं। फिर किसानों के विभाग आन्दोलन में आगे-आगे रहीं और गिरफ़्तार हुईं। वह उन हिम्मतवाली पाकिस्तानी औरतों में से हैं जिन्होंने उस वक़्त का बहुत भयानक शारीरिक और यौन उत्पीड़न सहा और जिनके 'शरीर का निचला हिस्सा भूखे चूहों से कुतरवाया (नुचवाया) गया और जिनके साथ वह ज़ुल्म-ओ-सितम बराबर रखा गया कि आख़िरकार लीला निचले धड़ से फालिज (शरीर में लकवा नामक बीमारी प्रवेश कर गयी) का शिकार हो गयी इसके बावजूद उन्होंने अपने मक़सद में बाल के बराबर भी असर नहीं पड़ने दिया और सियासी जद्दोजहद में सरगर्म (लीन रहने) होनेवाली दूसरी पाकिस्तानी औरतों के लिए अटल रहने की अच्छी मिसाल क़ायम की। कुछ यही मामला मोतिया चौधरी का भी रहा जो आज भी ज़िन्दा हैं और बँगलादेश में सियासी तौर पर बहुत सक्रिय हैं।

पहली मार्च 16 दिसम्बर 1971 से 1977 के सियाह दिनों (ख़राब दिनों) में पूर्वी पाकिस्तान में सहरनेवाली पाकिस्तानी औरत आज़माइश के जिन कड़े दौर से गुज़री उसे पढ़िये तो यक़ीन नहीं आता और जब यक़ीन आ जाता है तो हमारे सर शर्म से झुक जाते हैं आठ (8) महीने और (16) सोलह दिन के दौरान ढाई लाख

मुसलमान पाकिस्तानी औरतें जिनकी कैज़ुवल कौमियत (वतनियत) बंगाली थी बेइज़्ज़त की गयी उनमें से लगभग तीस हज़ार औरतों ने .खुदकुशी की, हज़ारों सुज़ाक (मर्दों की एक तरह की बीमारी) और आतशक (मर्दों की एक तरह की बीमारी) का शिकार हुईं। हज़ारों सोचने-समझने का बैलेन्स खो चुकीं। इण्टरनेशनल अस्पतालों के डाक्टरों ने एक लाख सत्तर हज़ार गर्भपात कराये। इस सिलसिले में मलिका .खान और डॉ. जेफरी डेविस के बयानात रोंगटे खड़े कर देनेवाले हैं। इस विषय पर प्रोफ़ेसर नीलिमा इब्राहीम की किताब AMI BERANGANA BOLCHHI विस्तृत वर्णन ऐसा विस्तृत वर्णन है जिन्हें पढ़ने के बाद दो क़ौमी विचारों और पाकिस्तान पर से विश्वास उठ जाता है। 1947 ई. में या उसके बाद होनेवाले हिन्दू-मुस्लिम फसादों में दो मज़हब के माननेवाले एक-दूसरे की औरतों को बेइज़्ज़त कर रहे थे लेकिन पूर्वी पाकिस्तान में मुसलमान पाकिस्तानी औरतें जिन वर्दीवालों की वहशत और ज़ुल्म का निशाना बनीं वह मुसलमान थे और पाकिस्तानी नागरिक थे जिनका काम उनकी इज़्ज़त-ओ-आबरू और जान-ओ-माल की हिफ़ाज़त था। यह वह औरतें थीं बज़ात .खुद या जिनके घर के मर्दों और बुज़ुर्ग औरतों ने पाकिस्तान के लिये होनेवाले रेफरेण्डम (सर्वसम्मति) में हिस्सा लिया था और पाकिस्तान के पक्ष में वोट डाले थे। उन्हीं के बहुमत से वोटों की बुनियाद पर पाकिस्तान बना था और बहुमत के साथ यह व्यवहार रखा गया यहाँ उन हज़ारों पाकिस्तानी बिहारी औरतों को ज़िक्र क्या करना, जो बंगाली औरतों के बदले में जवाबी ज़ुल्म का निशाना बनीं। उन बे-ज़मीन औरतों की बेइज़्ज़ती का कोई हिसाब रखनेवाला न था, यूँ समझें कि ज़मीन पर सिर्फ .खून के निशान थे। काम धंधा चौपट हुआ पूर्वी पाकिस्तान में पाकिस्तानी औरत अपनों के हाथ जिस भयानक आज़माइश से गुज़री आज उसका ज़िक्र तो दूर की बात है किसी को यह भी याद नहीं कि उस पर पाकिस्तानी मुसलमानों ने क्या सितम ढाया।

आज यह तारीख़ का दर्दनाक टुकड़ा है कि पूर्वी पाकिस्तानी हिस्से की सियासी जद्दोजहद को बढ़ावा देती हुई हज़ारों अनपढ़ और देहाती औरतों ने पढ़ी-लिखी और शहर की लड़कियों-औरतों ने अनगिनत रातें यूँ गुज़ारी जब उनकी पीठ ने बिस्तर के आराम का स्वाद न जाना, उनके मर्द जंगलों और खेतों में अपने अधिकारों की जंग लड़ रहे थे और बाहर गालियों में सड़क़ों पर वर्दी पोश भेड़िये घूमते थे। इन भेड़ियों से बचने के लिये वह अपने घरों के पिछवाड़े बने हुए तालाबों में सारी-सारी रात अपनी बेटियों और छोटी बहनों का हाथ थामें पानी से गर्दन बाहर निकाले खड़ी रहती थीं तालाब का मीठा पानी उनके आँसुओं से नमकीन होता था।

1970 में पूर्वी (पाकिस्तान) हिस्से के अवाम के ख़िलाफ़ जो बहमनिया फौजी एक्शन हुआ, जिसका एक हिस्सा बंगाली साहित्यकारों, दानिश्वरों और बुद्धिजीवियों फनकारों का क़त्ल-ए-आम भी था इसमें औरतें भी जान से गयी। संक्षेप में यह बात इस तरह से समझी जा सकती है कि पाकिस्तान के पूर्वी हिस्से के करोड़ों अवाम ने अपने जमहूरी (जनतंत्र) अधिकारी को हासिल करने के लिए फौजी डिक्टेटरशिप के ख़िलाफ़ जो बड़ी शान-ओ-शौक़त के साथ जद्दोजहद की पाकिस्तानी बंगाली औरत इसमें एक सक्रिय सरगर्म हिस्सेदार थी जिसकी कीमत उसने बेपनाह आज़माइश की शक्ल में अदा की।

पश्चिमी पाकिस्तान की औरत की आज़माइश का रंग दूसरा था। यहाँ चन्द मशहूर और ऐक्टिव औरतों ने 1947 ई. से 1957 का ज़माना अपहृत औरतों की बरामदगी, वतन छोड़नेवालों की आबादी और कुछ समाजी और समाजी संस्थाओं के स्थापित होने में .ख़र्च किया लेकिन आम तौर से पश्चिमी पाकिस्तान की औरत अभी स्थिर पाकिस्तान के नशे में डूबी थी। उसका सियासी तरीक़ा बंगाली औरतों की तरह पु.ख़्ता और पालन-पोषण युक्त नहीं था। इसीलिए दो मिस फ़ातिमा जिन्ना और बेगम राना लियाक़त अली .ख़ान की तस्वीरें देखकर उनके भाषण सुनकर .ख़ुश होती रहीं। 1949 में मंज़ूर होनेवाली क़रार दाद मक़सदों ने उसके कितने अधिकारों का अपहरण कर लिया इसका भी उसके अन्दाज़ा नहीं था। उसे यह समझ नहीं थी कि सियासत पर पुरानापन और प्रतिक्रियावादी तत्त्वों की गिरफ़्त जिस तरह मज़बूत हो रही है उसके नतीजे उसके लिए कितने संगीन निकलेंगे। 1956 में पाकिस्तान का पहला क़ानून लिखा गया इसमें औरतों को वोट के दोहरे अधिकार मिले यानी पाकिस्तानी औरत आम चुनाव में भी वोट डालने का अधिकार रखती थी। औरतों के लिए शादी, तलाक़, नान-ओ-नफ़का (रोटी, बाल बच्चों का भरण-पोषण) और बच्चों का हस्तान्तरण बहुत .ख़ास मामलात हैं। इस बारे में क़ानून साज़ी के लिए हुक़ूमत ने सुप्रीम कोर्ट के चीफ़ जस्टिस रशीद की लीडरशिप में एक कमीशन बनाया, जिसने 1956 में अपनी रिपोर्ट पेश कर दी। लेकिन इस रिपोर्ट की सिफ़ारिशों के बारे में मौलवियों ने इतना शोर मचाया कि यह रिपोर्ट ठण्डे बस्ते में रख दी गयी। इस सिलसिले में सबसे आगे-आगे स्वर्गीय मौलाना एहतेशामुल हक़ यानवी थे जो इस मिशन के एक खम्भे थे और जिन्होंने उस पर एक लम्बा और विस्तृत और विरोधी नोट लिखा था।

जनरल अयूब .ख़ान के ज़माने में जस्टिस राशिद की रिपोर्ट पर एक बार फिर .ग़ौर (विचार) हुआ और इसी रिपोर्ट की सिफ़ारिशों की नज़र में रखते हुए 1961 में

अपने लीडरशिप क़ानूनों का विमोचन हुआ इस क़ानून ने लड़कियों की शादी की कम-से-कम उम्र तय की। मर्दों की दूसरी शादी पर बड़ी हद तक रोक लगा दी और उसके लिए पहली बीवी को लिखित इजाज़त जरूरी ठहरायी इन्हीं क़ानूनों के तहत निकाह और तलाक़ की सहमति अनिवार्य ठहराया और निकाहनामों में औरत के तलाक़ की शक भी शामिल की गयी। तलाक़ की सूरत में बच्चों का हस्तान्तरण और नान-नफ़क़ा (बच्चों का पालन-पोषण) की अदायगी के मामलात भी लगभग अच्छे और औरतों के हक़ में हुए अपने-अपने जत्थों के क़ानून ने मौलवियों के अन्दर बहुत तेज़ ग़ुस्से को जन्म दिया और पाकिस्तानी औरत इल्ज़ामों और गन्दी सोच समझ की एक नयी आज़माइश में डाली गयी। अयूब .खाँ का ज़माना हो या आज का दौर मौलवियों के इस तैश (ग़ुस्सा) की वजह एक ही रही है। उन्हें इस बात से .ख़ौफ़ आता है कि औरत जो समाज का कमज़ोर और कुचला हुआ वर्ग है अगर वह और उसके मामलात उनके अधिकार से बाहर निकल गये तो उनकी रोज़ी-रोटी और हलवे-माँड़े का क्या होगा?

जनरल अयूब के ज़माने में औरतों को जहाँ 1961 में क़ानून के फ़ायदे से बहुत सुकून मिला वही उनके अधिकारों पर एक कारी ज़र्ब (बट्टा-धक्का लगा) उस वक़्त लगी जब 1962 के क़ानून में उससे सीधे चुनने का हक़ छीन लिया गया जो उन्हें 1956 के क़ानून में दिया गया था कि असेम्बलियों में बैठे हुए मर्दों के वोट से चुनी हुई औरतें ही केन्द्रीय या सूबे की असेम्बलियों में पहुँच सकेंगी। इस तरह चुनी हुई (सेलेक्टेड) औरतों के लिए यह मुमकिन नहीं रहा कि वह असेम्बलियों में औरतों के अधिकारों के लिए आवाज़ बुलन्द (आवाज़ उठायें) करें क्योंकि वह तो .खुद अध्यक्ष के रहमोकरम पर थी और उसकी .ख़ुशी के ख़िलाफ़ कोई बात करना उनके लिये मुमकिन न था।

जनरल अयूब के ज़माने में बानी-ए-पाकिस्तान (पाकिस्तान की बुनियाद रखनेवाले) की बहन आदरणीय फ़ातिमा जिन्ना को हालात ने एक फ़ौजी आदेश के ख़िलाफ़ अध्यक्ष का उम्मीदवार बना दिया। यह वह ज़माना है जब बुनियादी जम्हूरियत या यूँ कह लीजिये कि "बेबुनियादी जम्हुरियत" मतुल्क पर लादी जा चुकी थी जनरल अयूब के ख़िलाफ़ आन्दोलन चल रहा था और अध्यक्ष पद के उम्मदीवार के ख़िलाफ़ आन्दोलन चल रहा था और अध्यक्ष पद के उम्मीदवार के ख़िलाफ़ .ख़्वाजा साहब का देहान्त हो गया। अस्थायी तौर पर महोदया फातिमा जिन्ना को उनकी जगह उम्मीदवार नामज़द किया गया और पाकिस्तान के सियासी क्षितिज पर पहली बार एक औरत सामने आयी। आदरणीय फातिमा जिन्ना ने विरोध

के इस आन्दोलन में नयी जान डाल दी। पश्चिमी पाकिस्तान और पूर्वी पाकिस्तान में लोगों ने उनके पक्ष में लाखों के जलसे (जश्न/समारोह किये। लेकिन जनरल अयूब के वज़ीरों की धाँधली और बुनियादी जमहूरियत के नाम पर चुने जाने वाले काउन्सलरों की बेईमानी ने महोदया फ़ातिमा जिन्ना को हरा दिया। उनकी हार सिर्फ़ जमहूरियत (जनतन्त्र) पसन्दों की नहीं, पाकिस्तानी औरत के अधिकारों के आन्दोलन को भी नुक़सान पहुँचा। महोदया फ़ातिमा जिन्ना के चुने जाने के मुहिम के दौरान इस्लाम में औरत की लीडरशिप को नाजायज़ मानने की भरपूर मुहिम चलायी गयी तो बहुत-सी औरतों पर बहस भारी पड़ी। इस वक़्त उनकी समझ में यह आया कि अपने-अपने समूह के क़ानून के तहत कुछ अधिकारों को देकर उनसे तमाम जमहूरी (जनतन्त्र जनता) अधिकार छीन लिये गये हैं उनके अन्दर यह समझ भी पैदा हुई कि औरतों के अधिकारों की जद्दोजहद दरअसल इसी आवामी जनता की जद्दोजहद से जुड़ी हुई है। जिसमें मर्द और औरत बराबर से शामिल हैं।

1971 से 1977 तक का दौर पाकिस्तान की तारीख़ का ऐसा संक्षिप्त दौर है जिसमें पाकिस्तानी औरत को साँस लेने, आगे आने और कारोबार-ए-ज़िन्दगी मेंज़्यादा खुलकर हिस्सा लेने का मौक़ा मिला। 1973 में जब सर्वसम्मति से मुल्क का क़ानून बना तो इसमें पाकिस्तानी औरतों को पाकिस्तानी मर्दों के बराबर क़ानूनी अधिकार दे दिये गये। इस क़ानून में कहा गया था—

'तमाम शहरी क़ानून की नज़र में बराबर की हैसियत रखते हैं। क़ानूनी तौर पर बराबर की सुरक्षा के हक़दार हैं। महज़ लिंग (जेडर) की बुनियाद पर किसी शहरी के ख़िलाफ़ अन्तर करना उचित नहीं है।

किसी भी शहरी को, जो पाकिस्तान की सर्विस में नियुक्ति की हैसियत रखता है महज़ लिंग (जेण्डर) की बुनियाद पर नियुक्ति के सिलसिले में अन्तर नहीं किया जायेगा।

क़ौमी ज़िन्दगी के तमाम हल्क़ों में औरतों की शिरकत (भागीदारी) को विश्वसनीय बनाने के लिए कोशिशें की जायेंगी। रियासत, शादी, .ख़ानदान और माँ को सुरक्षा देगी।

रियासत इस बात को विश्वसनीय बनायेगी कि औरतों को उन विभागों में नौकर न रखा जाये जो उनके (जेण्डर) लिहाज़ से ज़्यादा मुश्किल दलालों में काम करते हैं। (क़ानून-ए-पाकिस्तान, आर्टिकिल नम्बर-25,27,35,37)

क़ौम की तरफ़ से 1975 को 'औरतों का आलमी साल' (तमाम दुनियाँ की औरतों का यह साल) माना गया और इस साल एक जमहूरी (जनतन्त्र) हुकुमत की

तरफ़ से पाकिस्तानी औरत सियासी और समाजी गुणों की तरफ़ तेज़ी से क़दम बढ़ाया। सामूहिक तौर पर यह ज़माना पाकिस्तानी औरत की इज़्ज़त की बहाली, उस पर करम-ओ-रहम की बढ़ोतरी और विभिन्न मोर्चों पर उसके मज़बूती का ज़माना है।

5 जुलाई, 1977 ई. को एक चुनी हुई जनता हुक़ूमत और पाकिस्तानी सस्पेंड (रोक देना) विरोध दोनों ही के अधिकारों पर डाका डालते हुए जनरल ज़ियाउल हक़ ने बहुत ज़्यादा शर्मनाक अन्दाज से हुक़ूमत (पावर) पर क़ब्ज़ा किया और अकेले शख़्स की डिकटेटरशिप ने पाकिस्तानी जनता के बुनियादी इन्सानी अधिकारों को रौंद डाला। क़ानून .खत्म हुआ और उसके साथ ही पाकिस्तान मर्दों और औरतों के कानूनी अधिकार .खत्म हो गये। पाकिस्तान के जमहूरियत (जनतन्त्र) पसन्द जनता के लिये यह एक घटना थी लेकिन पाकिस्तानी औरतों के लिये इस रोज़ से एक ऐसी अँधेरी और दहशतनाक रात की शुरुआत हुई जिसे एक डिक्टेटर ने .खराब बुनियाद परस्त और पुरानेपन की ताक़तों से मिलकर मज़हब की आड़ में इन पर लाद दिया था, जिसकी उन्होंने कभी कल्पना भी नहीं की थी।

डिक्टेटरशिप को सबसे ज़्यादा डर सियासी समझ रखनेवालों और सियासी जद्दोजहद में हिस्सा लेने वालों से आता है। यही वजह है कि उस पर क़हर भी सबसे ज़्यादा उन्हीं लोगों पर टूटता है।

जनरल ज़ियाउल हक़ का ज़माना उसकी अच्छी मिसाल है। उन्हीं के ज़माने में यह पहली बार उन औरतों को ज़्यादा शारीरिक मुसीबतें दी गयीं जो सियासी जद्दोजहद के इल्ज़ाम में जेल गई थी। पाकिस्तान में जनरल ज़ियाउल हक़ को 'इस्लामी रिवायत का नक़ीब' (संचालक/इस्लामी रिवायतों का लीडर) कहनेवालों की आज भी कमी नहीं। ऐसे लोग आज भी मौजूद हैं जिनका दावा है कि यह जनरल ज़िया थे जिन्होंने पाकिस्तान में चहारदीवारी की पवित्रता को बहाल किया। लेकिन हक़ीक़त यह है कि उनके दौर में, उनके अधिकार में पाकिस्तानी औरत की कड़ी आज़माइश का ज़माना था अपने दौर में उन्होंने इस्लाम के नाम पर पाकिस्तानी औरत की राह में जो काँटे बिछाये थे वह आज तक उसकी राह में मौजूद हैं और उसके तलवों में चुभे हुए हैं। एमेन्सटी इण्टरनेशनल की रिपोर्टों के मुताबिक़ 1980 से पाकिस्तान में सियासी काम करनेवाली औरतों को सरेआम और हवालात या जेल में .खराब तरीक़े से शारीरिक दण्ड (सज़ा) देने का सिलसिला शुरू हुआ यह वह दौर है जब अख़बार सच लिखते हुए डरते थे। इसके बावजूद 11 मई 1981 के 'डान' में सफ्फोरानी के बारे में .खबर छपी जिसके बारे में बताया गया था कि सिविल हस्पताल (अस्पताल) कराची और डिस्ट्रिक हस्पताल ठठ के सरकारी डॉक्टरों के

मुताबिक़ इसके जिस्म (शरीर को जलते हुए सिगरेट से दाग़ा गया था। सफ्फोरानी का क़ुसूर यह था कि उसने जनरल ज़ियाउल हक़ के ख़िलाफ़ सियासी जद्दोजहद में हिस्सा लिया था। इस ज़माने में लाहौर के दो सियासी काम करनेवालों ने जब गिरफ़्तारी के ख़ौफ़ से चेहरा छिपा लिया तो उन पर दबाव बनाने के लिये उनकी बीवियाँ गिरफ़्तारी हुई, लाहौर क़िले में रखी गयी, जहाँ उन्हें बिजली के झटके लगाये गये, उन्हें बेइज़्ज़त किया गया 4 (चार) दिसम्बर 1981 के बर्तानवी अख़बारों में फ़रखुन्दा बुख़ारी को दी जानेवाली शारीरिक दण्डों का विस्तृत वर्णन छपा। फ़रखुन्दा बुख़ारी को क़िले में इस क़दर सज़ाएँ दी गयीं कि जब वह लन्दन के हीथ्रो एयरपोर्ट पहुँची तो होम डिपार्टमेंट की औरतों ने उनके शरीर पर सिगरेटों के दाग़ और ज़ुल्म के दूसरे निशानों को देखकर उन्हें फ़ौरन सियासी पनाह दी थी।

1979 में कोड़े लगाने की इस्लामी सज़ा का आर्डिनेन्स जारी हुआ जिसके आलोख 5 (1) में दर्ज था कि मर्द को खड़ा करके और औरतों को बिठा कर कोड़े लगाये जायेंगे और इसी आर्डिनेन्स के आलेख 5 डी में दर्ज था कि क़ैदी औरत अगर गर्भवती है तो सज़ा पर अमल बच्चे की पैदाइश पर या गर्भपात के दो माह बाद तक मुल्तवी कर दिया जायेगा। इस आर्डिनेन्स के तहत रोज़नामा 'जंग' की 25 जुलाई 1981 में छपनेवाली .खबर के मुताबिक़ पहली बार किसी औरत को कोड़े मारने की सज़ा दी गयी इसके बाद उस मामले की सज़ाओं की .खबरें तो आम बात हो गयीं।

जनरल ज़ियाउल हक़ और उनके साथियों के होठ चादर और चहारदीवारी की पवित्रता का ज़िक्र करते नहीं थकते थे। इसी दौर में पत्रकारों का आन्दोलन शुरू हुआ तो करॉची की औरत पत्रकार लाला सुर्ख़ हसीन इस आन्दोलन में हिस्सा लेने के जुर्म में अपने बच्चे के साथ गिरफ़्तारी कर ली गयी और दो हफ़्ते तक करॉची जेल में क़ैद रही।

जनरल ज़िया के ज़माने के एक ख़ास मुस्लिम लीगी लीडर मलिक क़ासिम के कई बयान रिकार्ड हैं, जिसमें उन्होंने कहा कि इस ज़माने में सिर्फ़ वकीलों, मज़दूरों, छात्रों को ही नहीं मारा और परेशानियाँ दी गयी बल्कि उन्होंने औरतों को सड़कों पर पीटा, उन्हें बेइज़्ज़त किया यह औरतें अपने अधिकारों की बातें करती थीं। उन्होंने मुल्क-ओ-क़ौम के ख़िलाफ़ कोई बात नहीं की, सिर्फ अपने अधिकारों को पाने के लिए आवाज़ बुलन्द की थी। जमहूरियत (जनतन्त्र) और क़ानून की बहाली के लिए बातें की थीं। इस दौर में औरतों पर होनेवाले शारीरिक और जेण्डर

ज़ुल्म के हवाले से चौधरी ग़ुलाम क़ादिर और एतेजाज़ हसन के बयान भी खुली आँखों की तरह हैं।

पाकिस्तान को इस्लाम का क़िला बनाने के दावेदार जनरल ज़िया उल हक़ के दौरे हुकूमत में सियासी जद्दोजहद करनेवाली औरतों पर जो कुछ गुज़री चादर और चार दीवारी के सुरक्षा करनेवालों ने उनके साथ जो व्यवहार उचित रखा उसके विस्तार में जाने के लिए दफ्तार के दफ्तर चाहिये हैं। डिक्टेस्टरशिप करने वालों के हौसले इतने बढ़े हुए थे कि बेगम नुसरत भुट्टो, बेगम नसीम वली खान और बेनज़ीर भुट्टो भी अपनी दक्षता (समझ) और शारीरिक तौर से सुरक्षित न रह सकीं।

ज़ियाउल हक़ के ज़माने में औरतों की जिस तरह से जद्दोजहद की शुरुआत हुई वह सिर्फ अपनी कुछ माँगे पूरी होने के लिये नहीं थी। बल्कि यह मुल्क के आम-तौर पर सियासी जद्दोजहद से जुड़ी हुई थी। यही वजह है कि हमें 1983 के एम.आर.डी. आन्दोलन में सिन्धी आन्दोलन की तरह 256 औरतें गिरफ्तारियाँ देती हुई और जेलों में सज़ाएँ काटती और उससे बहुत पहले हारी हक़दार आन्दोलन की औरतें गिरफ्तार होती और जेल भुगती मिलती हैं।

इसी ज़माने में हमें कोट लखपत जेल, शेखपुरा जेल मुल्तान करॉची और हैदराबाद जेलों में बहुत-सी सियासी क़ैदी औरतें नज़र आती हैं। यह जेल ज़िया दौर के बहादुर और सुरक्षा करने वाले, इज़्ज़त करनेवाले इस्लामी मुल्क के खम्भे बने हुए थे जो पाकिस्तान की तारीख़ में पहली बार औरतों को शाही क़िले ले गये जहाँ उनके साथ .खराब शारीरिक और मानसिक ज़ुल्म किया गया। यह वह दौर है जब साठ-पैंसठ बरस की सफेद सरवाली अम्माँ नत्थी माई चन सफेदा, अम्माँ पठानी शाही क़िले में ज़ुल्म बर्दाश्त करते हुए आज़माइश की नयी मंज़िलों से गुज़रती नज़र आती हैं। फरीद आबिदा मलिक, मिसिज क़य्यूम निज़ामी शोहदा जबीं, फ़रखुन्दा बुख़ारी अफ़जल तौसीफ, मिसिज़ आफ़ताब, ग़र्ज़ कि क़िले में जानेवालियों के नामों की एक क़तार है। बुनियादी अधिकार की बहाली के लिए पुलिस ज़ुल्म और ज़ेलखाने की परेशानी बर्दाश्त करनेवाली पारस जान, ज़ुबैदा मलिक, बेगम नसरीन राव नाहिद सईद, सरदार बेगम क़दीर क़ुरैशी हैं। यह वह ज़माना है जब सिन्ध में जंग शाही के क़रीब दो औरतों ने ज़ुल्म का विरोध किया इस दौर की तारीख़ पाकिस्तानी औरतों की आज़माइशों की कहानी है जो उनके दुःख दर्द से भरी है।

औरतों की आज़माइश का एक पहलू तो वह है जिसका शिकार सियासी तौर पर जागती हुई आरतें थीं, लेनिक आम शहरी और .खास करके (देहाती) घरेलू औरत अपने घरों, खेतों, सड़क़ों और बाज़ारों में सुरक्षित न रह सकती, जनरल ज़िया-उल-हक़

की डिकटेटरशिप के ज़माने में जब चादर और चहारदिवारी का ढोल पीटा जा रहा था, इसी दौर में पाकिस्तान की देहाती औरतें जिन पर ज़ुल्म हो रहा था, इन घरेलू (देहाती) औरतों पर उच्च वर्ग के लोग ऐसे शर्मनाक ज़ुल्म ढा रहे थे कि उसके विस्तार में जाना उचित नहीं, नवाबपुर, लुत्फ़पुर क़ुसूर मुल्तान.खानपुर यह शहरों, कस्बों और देहातों के नाम नहीं, पाकिस्तानी क़ौम के सीने के रिसते हुए नासूर हैं। यह वह इलाक़े हैं जहाँ बेगुनाह और बेबस, बेआसरा और बेज़बान लड़कियों और बूढ़ी औरतों को जानवरों की तरह घसीटकर उनके घरों से बाहर लाया गया। उनके लिबास तार-तार किये गये और फिर उन्हें नंगेपन के साथ उन गलियों में घुमाया गया जो उनकी इज़्ज़त की गवाह थीं। उन नंगे जुलूसों के देखनेवाले इन्हीं औरतों के बाप, पति, भतीजे और पड़ोसी थे। यह वह औरतें हैं, जिनके लिये क़यामत सवा नेज़े![1] पर आयी और जिन पर प्रलय गुज़र गयी। यह वह थी जिन्हें एहसास-ए-ज़िल्लत और एहसास-ए-बेबसी ने दिनों और हफ़्तों से बोलने की ताक़त से वंचित रखा और जब उनके मर्द हाथों में क़ुरान उठाकर बीच में आये तो उन्हें बन्दूक़ों के बटों से मारा गया और इलाक़ों के थानों में रिपोर्ट दर्ज़ कराने से इन्कार किया गया। यह 1947 नहीं था कि सारा इल्ज़ाम हिन्दू और सिक्ख दंगाइयों के सर डाल दिया जाये यह पाकिस्तानी और मुसलमान औरतें थीं। उनके मुजरिम पाकिस्तानी मुसलमान थे। हुक़ूमत-ए-पाकिस्तान के पास अब असलहे की कोई कमी नहीं थी इसी असलहे की ताक़त पर उसने कुछ सालों पहले पूर्वी पाकिस्तान की जमहूरी (जनतन्त्र) जद्दोजहद को कुचला था और 1977 ई. में अवामी नुमाइन्दों से छीना था। तमाम वसायल (साधन) और ताक़त रखने के बावजूद पाकिस्तानी शोहरत रखनेवाली औरतों की सुरक्षा करने में नाकाम रही।

जनरल ज़िया ने 5 जुलाई 1977 को पाकिस्तान के जिस क़ानून को हटा दिया जिसमें पाकिस्तानी औरत को पाकिस्तानी मर्द के बराबर अधिकार दिये गये थे। इसकी (जगह) 1979 में ज़िया-उल-हक़ ने चार इस्लामी क़ानून लागू किये जिनमें क़ानून भी घेरे में शामिल है और जिससे औरतों के अधिकारों को.ख़त्म किया गया।

इस क़ानून के तहत हुक़ूमत-ए-पाकिस्तान का "इस्लाम" किसी ऐसी दुःखी और ज़ुल्म खायी हुई औरत की सुरक्षा करने पर मजबूर है जो अपनी.ख़राब क़िस्मत की वजह से बलात्कार का शिकार हुई हो क्योंकि औरत होने की वजह से इस घिनौने

1. मुसलमानों का विश्वास है कि क़ियामत जब आयेगी तो सारी दुनिया.खत्म हो जायेगी और सूरज इतना क़रीब हो जायेगा जैसे डेढ़ लाठी का फासला हो। (सूरज का सवा नेज़े पर उगना यानि क़यामत का आना)

जुर्म या गन्दा काम करनेवाले के ख़िलाफ़ उसकी तन्हा गवाही (अकेली गवाही) इस मर्द को सज़ा नहीं दिला सकती।

1984 में क़ानून-ए-शहादत लागू किया गया जिसमें औरत का अधिकार सीमित कर दिया गया। मर्दों और औरतों की शहादत (गवाही) के बीच अन्तर बनाये रखने के लिये औरतों के ख़िलाफ़ साफ़-साफ़ भेदभाव का रवैया अपनाया गया। शरीअत (धार्मिक क़ानून) बल ने औरतों के दूसरे अधिकार को. खत्म कर दिया। (9) नवें संशोधन प्रस्ताव को. खत्म करने की समस्या उठायी गयी। इन क़ानून के तहत हरामकारी (व्यभिचार) और बलात्कार में कोई फ़र्क़ नहीं किया गया। औरतों के ख़िलाफ़ ज़िया-उल-हक-दौर में जो अन्तर क़ानून लागू किये गये इसका विस्तृत वर्णन इण्टरनेशनल ज्यूरिस्ट कमीशन रिपोर्ट में लिया गया है जिसको पढ़े बग़ैर इन क़ानून के अन्तर का अन्दाज़ा नहीं किया जा सकता।

पाकिस्तान में फ़ौजी डिक्टेटरशिप और बुनियाद-परस्त ताक़तों ने जब इस्लाम की आड़ लेकर पाकिस्तान में लोकतान्त्रिक (जनता) रिवायत को कुचलने और क़ानूनी तौर पर औरतों के हाथ-पाँव काट देने की मुहिम की शुरुआत की तो बाज़ औरतों की संस्थाओं के अलावा अकेले ही सक्रिय औरतों ने इस गर्म हालात पर मिलकर सोचना शुरू किया। चुनाँचे सभी औरतों ने संस्थाओं के संयुक्त रूप से काम करने के लिए विमेन्स ऐक्शन फोरम (WAF) स्थापित किया, जिसमें वकालत, पत्रकारिता, साहित्य, शिक्षा और दूसरे पेशों से जुड़ी बहुत-सी औरतों ने पाकिस्तानी औरतों और मर्दों को अपने ख़िलाफ़ विरोध करने और बुनियादपरस्ती का मुक़ाबला करने का इरादा किया और मैदान में आ गयी। 13 फरवरी, 1983 का दिन पाकिस्तानी औरतों की तारीख़ का एक. खास और उनके लिए एक नयी आज़माइश की शुरुआत का दिन है जब उन्होंने खुलकर डिक्टेटरशिप का सामना किया और भेदभाव के ख़िलाफ़ जुलूस निकाला।

यह वह ज़माना है जब बहुत से शहरों में औरतों के जुलूस को रोका गया और लाठी चार्ज हुआ। पुलिस के बहादुरों ने उन्हें बालों से पकडक़र सड़क़ों पर घसीटा, उनके कपड़े फाड़े, उन्हें पकड़ कर गंदी गालियाँ दी गयीं, उन्हें गिरफ़्तार करके हवालात और जेल में ज़ुल्म का निशाना बनाया गया उसी ज़माने में पाकिस्तानी औरत जिन कड़ी आज़माइशों से गुज़री और नाम-ओ-शोहरत की जिस इस्लामी क़ानून की गोठिल छुरी से क़ुर्बान की गईं इसके एक नहीं सैकड़ों क़िस्से हैं। लेकिन सफ़िया बीबी नामी अन्धी लड़की का मुक़दमा ‘‘ज़िया-उल-हक़ ब्राण्ड इस्लामी अ़दल का शाहकार'' है। (इस्लाम धर्म के इन्साफ़ का बादशाह है) इस लड़की के साथ उसके

बाप और बेटे ने बलात्कार किया था जिसके नतीजे में वह एक बच्चे की माँ बनी। इस घिनौने जुर्म को करनेवाले बाप और बेटे तो चार गवाहों के न होने की बिना पर रिहा कर दिये गये लेकिन सफ़िया बीबी चूँकि बच्चे की माँ बनी थी इसलिए उस पर 'ज़िना' (बलात्कार) साबित था, इसलिए उसे हुक्मनामा 'ज़िना' (बलात्कार) के तहत पत्थर फ़ेंक कर मारने (डालने) की सज़ा सुना दी गयी।

पाकिस्तानी औरत की आज़माइश की बात करते हुए मुझे 2 अगस्त, 1999 को पाकिस्तान के अपर हाउस से आनेवाली वह ख़बर याद आती है जिसके मुताबिक़ सीनेट के सदस्यों की बहुमत ने औरतों पर ज़ुल्म की निन्दा में तैयार की जानेवाली क़रार दाद को न सिर्फ़ यह कि पेश करने की इजाज़त नहीं दी बल्कि 'इस्लाम और शरीअत' (धार्मिक क़ानून) की बात करनेवालों ने लाहौर में इन्सानी अधिकारों की मशहूर काम करनेवाली वकील हिना जीलानी के दफ़्तर में दिनदहाड़े होनेवाले सुमैय्या सुरूर के क़त्ल पर गुस्से (विरोध) को 'ख़ुराफात' क़रार दिया। मज़े की बात तो यह है कि पाकिस्तान के अपर हाउस में 'ग़ैरत' के नाम पर औरतों के क़त्ल के ख़िलाफ़ पेश की जानेवाली एक क़रार दाद (प्रस्ताव) का विरोध करनेवालों में पाकिस्तान का सपना देखने वालों में अल्लामा इक़बाल के साहबज़ादे (पुत्र) जस्टिस जावेद इक़बाल भी थे और सुबह-ओ-शाम जमहूरियत (जनतन्त्र/प्रजातन्त्र) और बराबरी की बातें करनेवालों की माला जपने और सोशलिस्ट इन्क़लाब के नाम पर वतन छोड़नेवाले अजमल खटक भी थें। इस क़रार-दाद के विरोध में वह भी थे जिनका कहना है कि औरतों को इस्लाम से ज़्यादा अधिकार किसी मज़हब, इस्लामी क़ानून और क़ानून ने नहीं दिये गये और यह कि उन्हें भी अपने लिबरल सियासत पर नाज़ है।

2 अगस्त, 1999 का दिन पाकिस्तानी औरतों की आज़माइश की तारीख़ में एक काला दिवस के तौर पर याद किया जायेगा इस रोज़ पाकिस्तानी सीनेट के चेयरमैन जनाब वसीम सज्जाद से लेकर उसके एक आम सदस्य तक ने यह साबित किया कि उसे पाकिस्तानी औरतों की ख़राब हालत से किसी क़िस्म की दिलचस्पी नहीं। हिना जीलानी और असमाँ जहाँगीर के दफ़्तर में सुमैय्या सुरूर का क़त्ल जिस क़दर ज़ुल्म (कष्ट) के अन्दाज़ में हुआ और उसके बाद क़ातिलों की गिरफ़्तारी के बजाए क़ातिलों की तरफ से हिना और असमाँ पर समझाने के लिए मुकदमें किये गये, सुमैय्या सुरूर के क़त्ल की एक एफ.आई.आर. दर्ज़ कराने की राह में जो रुकावटें डाली गयीं, यह तमाम मामलात में इस तरह का इशारा है कि आज पाकिस्तान में क़ानून और क़ानून की श्रेष्ठता नहीं पायी जाती बल्कि हम बुनियादी

तौर पर, एक क़बायली निज़ाम में ज़िन्दा हैं। सुमैय्या सुरूर के क़त्ल को 'जायज़' (उचित) और 'दुरुस्त' (ठीक) समझा गया और तमाम सियासी पार्टियाँ इस क़त्ल की तरफ़ से जिस तरह आँखें बन्द किये बैठी रहीं वह हमारी बहुत-सी सियासी पार्टियों की धोखाधड़ी की अच्छी मिलाल हैं।

इस क़िस्से का वर्णन करते हुए पाकिस्तान के अपर हाउस के उन डिक्टेटरशिप के चेहरे इस वक़्त मेरी निगाहों में घूम रहे हैं जिनके चेहरे पर दाढ़ियाँ नहीं थीं, जिनके पश्चिमी लिबास पर कभी शिकन नज़र नहीं आती, जिनका अंग्रेज़ी लबो-लहजा (उच्चारण) सुनकर पश्चिमवाले भी उनके अलंकारों और व्याकरण की दाद देते हैं और जिनके बायोडाटा में पाकिस्तान की यूनिवर्सिटियों की डिग्री के हालात लिखे हैं। उन लोगों ने पाकिस्तानी औरत को उसके उचित अधिकारों की क़ानूनी लड़ाई और क़ानून में जिस तरह बीच मँझधार में छोड़ा वह एक बेहद शर्मनाक पाठ है। पाकिस्तानी औरतों की आज़माइश की बात करते हुए कराची का ज़िक्र करने को जी चाहता है जो पाकिस्तान का सबसे बड़ा शहर है उसके बावजूद यहाँ भी बहुमत उन्हीं औरतों और लड़कियों को है जो आदिवासी और खेती से सम्बन्धित समाज की रस्मो-रिवायत के तहत ज़िन्दगी बसर करने के तोहमत (इल्ज़ाम/आरोप) उठा रही हैं। व्यक्तिगत तौर पर कुछ हज़ार चन्द लाख औरतों की प्रतिष्ठा के साथ आज़ादी की दौलत से .ख़ुश होना अपने-अपने .ख़ानदानों में बराबरी के अधिकारों और ज़िम्मेदारियों की ज़िन्दगी बसर करना एक सामूहिक बात है। बात दरअसल यह है कि पाकिस्तानी औरतें सामूहिक तौर पर क़ानूनी एतबार और क़ानून से कितनी आज़ाद हैं?

मुश्किल यह है कि उन्हें शिक्षा, रोज़गार, सेहत और समाजी मामलों में कितनी आज़ादी हासिल है और कितने बराबरी के मौक़े उन्हें मिलते हैं? क़ानून उन्हें एक मर्द शहरी के बराबर हासिल है और कितने बराबरी के मौक़े मिलते हैं? क़ानून उन्हें एक मर्द शहरी के बराबर सुरक्षा और मौक़ा देता है या नहीं? जब हम इस मामले पर नज़र डालते हैं तो हमारे सर झुक जाते हैं क्योंकि बराबरी के मौक़ा तो दूर की बात है देहात के इलाक़ों में .ख़ास कर और शहरी इलाक़ो में रहनेवाली औरतों का बहुमत भी अपने बुनियादी इन्सानी अधिकारों से वंचित है।

यहाँ मैं सिर्फ़ सन 2000 के कुछ क़िस्से पेश करूँगी जिससे अन्दाज़ा लगाया जा सकता है कि आज़ादी की आधी सदी के बाद भी पाकिस्तानी औरत किस सूरत-ए-हाल से गुज़र रही है।

सन् 2000 में मुल्क़ की आबादी के 32 फ़ीसदी लोग ग़रीबी की लकीर से नीचे ज़िन्दगी गुज़ार रहे थे और उनमें से औरतों की संख्या आधी से ज़्यादा थी।

बहुत-सी इण्टरनेशनल संस्थाओं के सम्पादकों द्वारा इकट्ठा किये गये आँकड़ों के मुताबिक़ पाकिस्तान में लड़कियों की शिक्षा के दर में कमी आ रही है। इसकी वजह हमारी शिक्षा का ढाँचा है जो बढ़ती हुई आबादी की ज़रूरतों को पूरा नहीं कर सकता। लडक़े और लड़कियों के स्कूलों में दाख़िले की दर में भी फ़र्क़ बढ़ता जा रहा हे। लडक़ों के दाख़िले की दर अब 92 फीसद बढ़ चुकी है। यह बराबरी की शिक्षा के उच्च दर्जों में ज़्यादा बढ़ता जा रहा था और मौक़े के अनुपलब्धता की वजह से अन्तर व्यवहार के रूप में ग्रहण कर लेता है। मिसाल के तौर पर 2002 में करॉची की 28000 लड़कियों ने मैट्रिक का इम्तेहान साइन्स के साथ पास किया लेकिन वो स्कूलों, विषय की उपलब्धता और क्लासरूम की कमी की वजह से साइंस की शिक्षा जारी न रख सकीं। हमें पाकिस्तान में नवजात पैदा हुए बच्चों में मरने की दर 8500 प्रति लाख का शुमार दुनिया की .खराब दरों में होता है। यूनीसेफ ने 'क़ौमों की तरक्क़ी' के नाम से अपनी 2000 की रिपोर्ट में बताया है कि 14 से 49 साल तक की उम्र की औरतों मतें से 27 फीसद को गर्भ के समय में एक बार किसी चिकित्सक के पास जाने का मौक़ा मिलता है। प्रति परिवार 6 बच्चों की पैदाइश की भारी दर औरत की ज़िन्दगी के लिये बेपनाह दबाव का ज़रिया बनती हैं। दूध पीते बच्चों के मरने की दर मतें भी लडक़ों और लड़कियों के बीच सबहुत सामंजस्या पाया जाता है।

1000 नये बच्चों में पहले साल के दौरान मरने वाली लड़कियों की संख्या 160 और लडक़ों की 100 होती है अन्य अध्ययन से अनुमान लगाया जा सकता है कि अक्सर परिवारों लडक़ों की परवरिश पर लड़कियों के मुक़ाबले में ज़्यादा ध्यान दिया जाता है जिसके लिये 5 साल की उम्र तक मरनेवाली लड़कियों की संख्या भी लडक़ों के मुक़बाले में ज़्यादा होती है।

पाकिस्तानी औरत के पैरों में आज भी हदें, शहादत, तलाक़ और विरासत के काले और नाइंसाफी, क़ानून, ज़ंजीर बने हुए हैं। इसके बारे में पढ़े-लिखे लोग इन्साफ़ करनेवाले यह राय रखते हैं कि वह बालि़ग होने के बावजूद उत्तराधिकारी की इजाज़त के बग़ैर शादी करनेवाले यह राय रखते हैं कि वह बालि़ग होने के बावजूद उत्तराधिकारी की इजाज़त के बग़ैर शादी करने का हक़ नहीं रखती। उसके बारे में कराची के एक उर्दू अख़बार ने 1998 में अपने एक कॉलम में यह लिखा कि अपनी मर्ज़ी से शादी कर लेने वाली लड़की को उसके. खानदान के हवाले कर दिया जाय। चाहे वह .खानदान अपने क़बीले के उसूलों के तहत उसे अपनी मर्ज़ी से शादी करने

की बुनियाद पर मार ही क्यों न दें। जिस मुल्क के क़ानून बलात्कार का शिकार होनेवाली औरतों को चार गवाहियाँ पेश न करने के 'जुर्म' में कोड़े मारने या संगसार करने का हुक्म देते हैं एक ऐसे समाज में रहने की आज़माइश के हालात यहाँ की औरत के दिल से से पूछिये।

इस वक़्त पाकिस्तानी औरत की एक बहुत बड़ी आज़माइश "औरत का क़त्ल" यानी बलात्कृत का अपमान है। ऐमनेस्टी इण्टरनेशनल की एक रिपोर्ट के मुताबिक़ ग़ैरत के नाम पर हर साल सैकड़ों साल औरतें क़त्ल कर दी जाती हैं। बहुत सी हिलाकतों की रिपोर्ट दर्ज़ नहीं करायी जाती और हर जुर्म में लिपटे हुए लगभग किसी मुजरिम को सज़ा नहीं मिलती।

रियासत की दिलचस्पी न होने औरतों के ख़िलाफ़ होनेवाले ज़ुल्म में रियासत के शामिल होने की वजह से उन इज़रात की ज़द में रहनेवाली औरतों में तन्हाई और ख़ौफ़ का एक एहसास ज़्यादा बढ़ चुका है। पुलिस ग़ैरत और भरण-पोषण के क़त्ल के लगभग सभी जुर्म में मर्द का साथ देती है। कभी-कभी मुजरिमों पर मुक़दमा चला कर उन्हें सज़ा दिलायी जाती है। अगर कभी मर्दों को सज़ा मिल भी जाये तो अदालत की तरफ से उन मुजरिमों को हल्की सज़ाएँ सुनायी जाती हैं कि इस सूरत-ए-हाल से उस विचार को ताक़त मिलती है कि अपनी रिश्तेदार औरतों को क़त्ल करनेवाले मर्दों को सज़ा से लगभग छूट हासिल है। औरतों के साथ जो फर्क़ रखा जा रहा है उसकी फरियाद सुनने की राह में ख़ास कानून भी बीच में है।

रोज़नामा 'डान' में छपनेवाली एक रिपोर्ट के मुताबिक़ दरअसल 'कारोकारी' (बलात्कारी और बलात्कृत) ब्लूचिस्तान की खियत है जो उनके साथ सिन्ध आयी और उसके उत्तरी इलाकों में प्रचलित हो गयी जहाँ ब्लूचिस्तान के अलग क़बीले (जत्थे/सरहद पार निवासी) बड़ी संख्या में आबाद हैं। बाज़ सिन्धि खोज करनेवालों का कहना है कि इस ज़ालिम रिवायत का हमारी सरज़मीन से कोई सम्बन्ध नहीं इस बारे में सुबूत के तौर पर वह सिन्धी लोग रोमैण्टिक दास्तानों (क़िस्सों) का हवाला देते हैं जो लोक साहित्य में सदियों से प्रचलित हैं और जिन्हें शाह अब्दुल लतीफ भुटायी ने अपनी पद्यात्मक (काव्य) क़िस्सों में अमर कर दिया है।

इस बारे में एक सिन्धी पत्रकार का कहना है कि इस दर्शन् का एक दिलचस्प पहलू जिस पर अब तक ध्यान नहीं दिया गया यह है कि पूरे साल में किसी ऐसी औरत को 'कारी' (काम, बलात्कृत) कह कर कत्ल नहीं किया गया जो रोज़गार या मेहनतकश थी। कुनबे और क़बीले की बाज़ लड़कियाँ या औरतें अपने शौहरों (पतियों) या भाइयों के ज़ुल्म का शिकार होकर नाजायज़ सम्बन्ध के इल्ज़ाम लगाकर

क़त्ल कर दी गयीं जो काम कर रही थीं और अपने परिवार की मदद कर रही थीं उन पर न किसी ने उंगली उठायी और न उन्हें हाथ लगाया।

जैकाबाबाद, शिकारपुर, लरकाना और दादू के आधे से ज़्यादा ज़िले वह हैं जहाँ की आबादी की आर्थिक हालत चावल की खेती से जुड़ी हैं। इस इलाके के लोग घर के निर्माण और मरम्मत से लेकर शादी ब्याह और .ख़ुशी की सभी रस्मों को धान की कटायी के बाद ही करते हैं इसी तरह अगर किसी शख़्स (व्यक्ति) के दिमाग़ में किसी औरत या मर्द को 'कारोकारी' (ब्लात्कर्म) की काली रस्म की भेंट चढ़ाया हो तो उसके लिए भी धान की फ़सल के कटने का इन्तेज़ार करते हैं। ऐसा इसलिए होता है कि उस वक़्त उनके हाथ में नक़द रुपये होते हैं जिसकी ताक़त पुलिसवालों को एफ़.आई.आर. करने से या अगर एफ़.आई.आर. होकर भी जाये तो क़त्ल करनेवाले का नाम शामिल करने से दूर रखती हैं। इस ज़माने में सिन्धी लड़कियों और औरतों की जान किस क़द्र ज़्यादा .ख़तरे में होती है उसका अन्दाज़ा इससे लगाया जा सकता है कि एक पुलिस अफ़सर के मुताबिक़ कटायी के मौसम में इस इलाक़े के एक मशहूर पुलिस स्टेशन की बोली लगायी जाती है जो अफसर ज़्यादा बोली देते हैं, एस.पी. के आफ़िस से इस मौसम में उसकी तैनाती वहाँ कर दी जाती है।

"जिस मुल्क में धान की कटाई के साथ बेगुनाह लड़कियों और औरतों की गर्दन कटने का मौसम आता हो और जहाँ इस जुर्म को करके छूट जाने के लिए पुलिस स्टेशन की बोली लगती हो, वहाँ यह समझना कुछ मुश्किल नही कि इस मुल्क, इस इलाक़े की औरत किस अज़ाब में गिरफ़्तार है।"

सन 2000 में कारोकारी (बलात्कारी और बलत्कृत) की जो चन्द घटनाएँ अखबारों तक पहुँची उसमें सिर्फ़ 6 कुछ यूँ है

- 10 मार्च 2001 को शिकारपुर में एक नौजवान क़ज़ाफी पठान ने अपनी बूढ़ी माँ को बलात्कृत कह कर मार दिया। उसने नज़दीकी होटल में काम करनेवाले नौजवान पेण्टर को भी क़त्ल कर दिया। .ख़बर के मुताबिक़ बेटे को भी अपनी माँ से चिपकलिश या चकल्लस थी।
- 22 मई 2001 को 12 वर्ष की लड़की पर कारी होने का इल्ज़ाम लगाया गया। मासूम लड़की को वहशियाना पन के अन्दाज़ में क़त्ल कर दिया गया और उसके जिस्म को टुकड़े करके दरिया-ए-सिन्ध में बहा दिया गया।
- 4 जुलाई 2001 को मोहम्मद ब.ख़्श ने क़म्बर पुलिस स्टेशन की सरहद में अपनी 18 साल (मुबीना) की अपाहिज बेटी को क़त्ल कर दिया। बयानिया तौर पर उसने बेटी को पुरानी दुश्मनी की वजह से क़त्ल किया।

• जिला घ्घोटी के क़स्बा मीरपूर माथेलो जुलाई 2001 को मुलज़िम पनाह बूज़दर ने एक 10 साल की लड़की से बलात्कार किया। जब मासूम लड़की रोती हुई घर पहुँची तो उसके बाप ने उसे बलत्कृत से निकाल दिया।

• गढ़ी यासीन पुलिस स्टेशन की सरहद में एक 17 साल की लड़की पर एक बारह साल के लडक्के के साथ नाजायज़ रिश्ते का इल्ज़ाम लगाया गया। पिछले 26 अगस्त को जब वह अपने माता-पिता से मिलने गयी तो नौब्याहता (नयी शादीशुदा औरत) के ससुर ने दोनों का क़त्ल कर दिया।

• 12 सितम्बर 2001 को 60 साल के मर्द को कारू (बलात्कारी) कहकर क़त्ल कर दिया गया। कारी (बलात्कृत) माना जाने वाली औरत की उम्र भी 60 साल थी।

सिन्ध में 'कारोकारी' की शर्मनाक रस्म को फायदेमन्द कारोबार के तौर पर इस्तेमाल किया जा रहा है। इस बारे में जैकाबाबाद के चीफ सरदार सन्दरान, सन्दरानी ने अपने एक अख़बारी साक्षात्कार में स्वीकार किया।

"मैं जानता हूँ कि कारोकारी (बलात्कार की घटनाएँ) के ज़्यादातर केस इसलिए दाख़िल किये जाते हैं कि या तो जुर्माने की रक़म (धन) ऐंठी जाये या फिर किसी क़र्ज़ से जान छुड़ायी जाय। यह रस्म किसी की ज़मीन या जायदाद पर क़ब्ज़े के लिए भी इस्तेमाल की जाती है।"

पाकिस्तान की और .खास तौर पर सिन्ध की औरत सुबह से शाम और रात से सुबह तक जिन कष्टों (दुःखों) से गुज़री है। उसका अन्दाज़ा एक अख़बार के रिपोर्ट से लगाया जा सकता है। जिसके अनुसार कारोकारी (बलात्कारी-बलात्कृत) पर बहुत कुछ लिखे जाने के बावजूद अब तक इस जुर्म की मुश्किलें पूरे तौर पर समझी नहीं जा सकती हैं। कारोकारी के केस दो तरह के होते हैं एक वह जिसमें बयान के तौर पर यौन सम्बन्ध रखनेवाले लोग को क़त्ल कर दिया जाता है जबकि दूसरा तरीक़ा वह है जिसमें ऐसे लोगों को जुर्माना अदा करने पर मजबूर किया जाता है। यह मिसालें इस बात को ज़ाहिर करती हैं कि दूसरी तरह की घटना किस तरह स्वीकार की जाती है। ज़्यादातर मामलों में एक आदमी किसी शख़्स (व्यक्ति) पर 'कार' (बलात्कारी) होने का इल्ज़ाम लगाता है, मिसाल के तौर पर इल्ज़ाम लगनेवाले की किसी क़रीबी रिश्तेदार औरत से नाजायज़ सम्बन्ध रखने का इल्ज़ाम। वही श.ख्स (व्यक्ति) इस औरत की पहचान भी करेगा जिस पर उसने कारी (बलत्कृत) होने का इल्ज़ाम लगाया हो।

जिस पर कारू (बलात्कारी) होने का इल्ज़ाम लगता है मौक़ा पाते ही, इल्ज़ाम लगते ही फरार होकर. गायब हो जाता है। इसके बाद मुलज़िम के माँ-बाप या दूसरे क़रीबी रिश्तेदार सरदार से सम्पर्क करके उससे '.ख़ैर' तलब करते हैं। स्थानीय (LOCAL) अदालतों मक़ामी इस्तेलाह (अदालतें Court) की सुलह के लिए '.ख़ैर' शब्द का इस्तेमाल किया जाता है। अगर कारी (बलात्कृत) मान ली जानेवाली औरत किसी तौर पर अपनी ज़िन्दगी बचाने में कामयाब हो जाती है तो उम्मीद के तौर पर वह भी फरार हो जाती है और किसी सरदार के 'कोट' पर पनाह माँगती है। अगर सरदार को 'कोट' ज़्यादा दूर हो तो कभी-कभी ऐसी औरतें सय्यदों की हवेली में पनाह लेती हैं।

बाद में सुलह की तारीख़ तय की जाती है और इलाक़े के कुछ विश्वसनीय लोगों के साथ दोनों गुट के लोग इकट्ठा होते हैं। सुलह की बैठक की पहली रात यह समझी जाती है कि इसमें कारू (बलात्कारी) का मुल्ज़िम शामिल नहीं होगा उसके बजाय उसकी नुमाइन्दगी उसका बाप, चाचा, भाई या इलाक़े का कोई बुज़ुर्ग या विश्वसनीय मर्द करेगा। अगर इल्ज़ाम लगाने वाले मुल्ज़िम पार्टी के किसी तरीक़े 'हलफ़' (शपथ) को मानने पर तैयार हों जिसमें वह यह कहता है कि जुर्म में शामिल नहीं है तो बाक़ायदा 'हलफ़' (शपथ) उठवाया जाता है। लेकिन अगर दावा करनेवाले इस बात पर ज़िद करें कि कारू (बलात्कारी) माना जानेवाला असलियत में लिपटा है तो एक लाख बीस हज़ार रुपये जुर्माना और करने को कहता जाता है। जुर्माने का एक हिस्सा फैसले के वक़्त अदा कर दिया जाता है और बाक़ी रक़म (धन) के लिए वक़्त दिया जाता है। अगर निश्चित वक़्त के अन्दर अदायगी करने में नाकाम रहती है तो कारू (बलात्कारी) होने का इल्ज़ाम दोबारा उठाया जाता है और सुलह की एक दूसरी बैठक बुला के नया जुर्माना लगाया जाता है।

बाद में बलात्कृत की तरफ से स्वीकार की जानेवाली जो औरतें सय्यदों या सरदारों के घरों में पनाह ले चुकी होती हैं उन्हें उनके माँ-बाप किसी. गैर क़बीले के लोगों को बेच दी जाती हैं। रिवाज के अनुसार कारी (बलात्कृत) मानी जानेवाली औरत की शादी उसके अपने .ख़ानदान में नहीं की जा सकती क्योंकि वह 'दाग़दार' हो चुकी होती हैं और अगर वह अपने .ख़ानदान में रहेगी तो 'गन्दी नस्ल' पैदा करेगी।

ध्यान देने की बात यह है कि ऐसी औरतों की मण्डी में ज़्यादा क़द्र होती है अगर एक आम औरत एक लाख रुपये में बेची जाती है तो कारी (बलात्कृत) डेढ़ लाख में बेची जाती हैं। कँवल सिन्धी एक पत्रकार हैं, जिन्होंने कारूकारी (बलात्कारी और बलात्कृत) की समस्या पर काम किया है, उन्होंने बताया है कि 'उन औरतों

के. खरीदार ऐसे लोग होते हैं जो 'औरतों के रसिया कहलाते हैं। उनकी नज़र में यह औरतें यौन सम्बन्ध और ज़्यादा सेक्स में रुचि रखती हैं। इसीलिये वह उन्हें ज़्यादा महत्त्व देते हैं। कँवल सिन्धी ने कहा है कि—

"अपने लोग न तो औरत के लिये हमदर्दी रखते हैं। और न ही उसके ज़ज्बात (भावनाओं) का. खयाल करते हैं, ऐसा वह ज़ाती वजहों (व्यक्तिगत कारणों) से करते हैं।"

अगर कारी (बलात्कृत) औरतों के माँ-बाप ग़रीब कमज़ोर और बाहर की दुनिया के बारे में कम जानते हैं तो उनकी बेटी को सरदार बेच देता है और उसकी रक़म .ख़ुद रख लेता है। कभी-कभी माँ-बाप को मामूली रक़म (धन) दे दी जाती है।

कारी (बलात्कृत) मानकर बेची जानेवाली औरत को दोबारा कभी अपने रिश्तेदारों से मुलाक़ात की उम्मीद नहीं होती, न उसके रिश्तेदार उससे कोई वास्ता (सम्बन्ध) रखते हैं। इस दौरान 'कारू' (बलात्कारी) माने तानेवाला व्यक्ति दावा करनेवाली कारी (बलात्कृत) के रिश्तेदारों से दूर रहता है। जब तक कि सुलह न हो जाय या कोई फैसला न हो जाये अगर वह दावा करनेवाले व्यक्ति को इस दौरान मिल जाता है चाहे यह मुलाक़ात अचानक ही क्यों न हो तो उसे पाँच हज़ार रुपये जुर्माना देना पड़ता है। फ़ैसला लेने तक यह जुर्म जितनी बार होगा, उसे बार-बार जुर्माना अदा करना पड़ेगा। मशहूर कारोकारी (बलात्कारी और बलात्कृत) को कम-से-कम ऐसे पाँच तरीक़े हैं जिन पर प्रतिवादी को जुर्माना भरना होता है। अगर कारू (बलात्कारी) मुलज़िम अपनी पसन्द की औरत से अदालत में शादी कर लेता है और अगर औरत कुँवारी और उसके रिश्तेदार है तो मर्द ज़रूर मुश्किल में पड़ जायेगा। अदालत में उसकी शादी के फैसले को सरदार के सामने पेश किया जायेगा और उसे चार तरह के जुर्माने भरने पड़ेंगे। **पहला** जुर्माना कार (बलात्कारी) होने का **दूसरा** लड़की को बेवकूफ बनाने भ्रमित करने, **तीसरा** फ़रार होकर अदालत जाने का, और **चौथा** बिरादरी से. गद्दारी करने का। अगर उसकी बीवी का सम्बन्ध सरदार के गाँव से है तो इसके अलावा उसे पाँचवा जुर्मान भी देना पड़ेगा। ये भरपायी जुर्माना एक लाख बीस हज़ार रुपये हैं।

कुछ कारी (बलात्कृत) औरतें जो अलग-अलग कारणों की बुनियाद पर बेची नहीं जा सकती या अपनी शादियों से तंग आ जाती हैं सरदारों के पास जाकर उनसे अपने घर में रखे जाने की गुज़ारिश करती हैं वादा करती हैं कि वो सारी ज़िन्दगी उनके. खानदान की ख़िदमत करती रहेंगी। ऐसी सूरत में उनकी गुज़ारिश क़ुबूल कर ली जाती है। सरदारों के 'कोटो' में पनाह लेनेवाली कारियों (बलात्कृत औरतें)

के जुड़ी दर्द अक्सर ऐसी .ख़बर भी मालूम होती हैं जिनके अनुसार उन्होंने औलाद पैदा की। लेकिन सही नस्ल न होने की वजह से उन्हें सरदारों की जायदाद में से कोई हिस्सा नहीं दिया गया।

कारोकारी (बलात्कारी और बलात्कृत) के मामलों पर काम करनेवाले एक पत्रकार इसहाक़ सुमरी ने बताया कि आप को ऐसे बहुत से बच्चे मिल जायेंगे जिन की माताओं को कारी उन्हें कुबूल करने को तैयार नहीं हैं। इन औरतों से यौन सम्बन्ध रखने के लिये हर व्यक्ति तैयार है लेकिन शादी कोई भी नहीं करना चाहता।

ऐमनेस्टी इण्टरनेशनल ने पाकिस्तानी औरत पर ज़ुल्म के बारे में जो रिपोर्ट 2001 में जारी की, इसके अनुसार. गैरत (आत्म सम्मान) के नाम सपर अक्सर क़त्ल निदामत .ग़ैर ज़रूरी बातों को बुनियाद बनाकर किये जाते हैं। मिसाल के तौर पर एक व्यक्ति यह कहकर क़त्ल कर देता है कि उसने .ख़्वाब में अपनी बीवी को .ग़द्दारी करते देखा था। क़ानून लागू करनेवाली संस्थाएँ और अदालतें ऐसे जुर्मों के सिलसिले में .ग़ैर या विशेष नरमी दिखाता है। गैरतों के नाम पर क़त्ल करने वालों के लिये क़ानून में बहुत-सी कमियाँ होती हैं जिनकी वजह से क़ातिल सज़ा से बच निकलते हैं और नतीजा यह कि रिवायत टूटने नहीं पाती। सिन्ध में कारो (बलात्कारी) का मतलब काला मर्द और कारी (बलात्कृत) का मतलब काली औरत होता है। मर्द औरत को कुल्हाड़े या कुल्हाड़ियों से टुकड़े-टुकड़े कर दिया जाता है। इस क़त्ल मेंज़्यादातर बिरादरी भी शामिल होती है। पंजाब में इस तरह ज़्यादातर क़त्ल इन्फरादी (अकेले) फैसले के तरह. खुफिया तौर पर किये जाते हैं।ज़्यादतर हादसों से सम्बंधित औरत के पति, बाप या भाई क़त्ल करते हैं। कुछ हादसों में गुट (गिरोह) औरत के क़त्ल का फैसला करता है और मर्दों को इस पर अमल करने के लिये भेजता है।. गैरत के नाम पर क़त्ल होनेवाली औरतों में नाबालिग बच्चियों से लेकर बड़ी उम्र की दादियों और नानियों तक फैला हुआ है। उन्हें आम तौर पर सिर्फ 'नाजायज़' यौन सम्बन्ध रखने के इल्ज़ाम में मरवाया जाता है। उन्हें इल्ज़ाम की सफाई पेश करने का कोई मौक़ा नहीं दिया जाता। क्योंकि ऐसा करना. गैर ज़रूरी समझा जाता है। मर्द की. गैरत/सम्मान के लिये सिर्फ़, इल्ज़ाम ही काफी होता है अगर किसी औरत को कत्ल करने के लिए धार्मिक सिद्धान्तों के अनुसार यह क़ानूनी तौर पर काफ़ी समझा जाता है।

.ग़ैरत के नाम पर जो क़त्ल होते हैं उनमें अगर सिर्फ़ कारी (बलात्कारी) क़त्ल हो, जैसा कि आम तौर पर होता है तो कारू के इल्ज़ाम से प्रभावित मर्द को उसकी

ग़ैरत को पहुँचनेवाले नुकसान की भरपायी करनी पड़ती है। यह भरपायी क़त्ल होनेवाली औरत की कीमत और अपनी जान बचाने की .खातिर की जाती है। यह व्यवस्था पैसे वसूलने के भरपायी में औरत हासिल करने या दूसरे जुर्मों पर पर्दा डालने के कई मौक़े देता है। इसके अलावा क़ातिल को लगभग इस बात का भी विश्वास होता है कि अगर उसने ग़ैरत के बहाने कोई क़त्ल किया तो अदालत उसके साथ नरमी बरतेगी। इस तरह क़बीले के लोग पुलिस ओर क़बीलाई स्थितियों ने मिलकर ग़ैरत के कत्ल की (षड्यन्त्र/तरीक़ा/रणनीति/रास्ता) पैदा कर दी है।

इस तरह के जुर्म में आर्थिक स्थितियाँ भी पुलिस की लापरवाही में मददगार साबित होती हैं। नफीसा शाह 1993 में कशमूर के देहातों का ज़िक्र करते हुए कहती हैं (बलात्कारी और बलात्कृत) 'कारू कारी के क़त्ल पर कशमूर की पुलिस. खामोश रहने के लिए 7000 रुपये वसूल करती है... वह कभी मुक़दमों को दर्ज नहीं करती। इसलिए हमारे यहाँ ऐसे जुर्मों का रिकार्ड ज़ीरो है इसलिए 'नफीसा शाह' के अनुसार 'जैकिबाबाद के थाने पुलिस में सोने की कान (खान में काम करनेवाले) समझे जाते हैं क्योंकि इस जिले में कारू कारी के नाम पर होनेवाले क़त्ल की संख्या में बहुत ज़्यादा हैं सतर्क रहने के बाद जैकिबाबाद के हर महीने (बलात्कारी और बलात्कृत) कारूकारी के 50 से 60 क़त्ल होते हैं। ग़ैरत के कत्ल के इसी मुनाफे बख़्श (फायदेमन्द) पहलू की वजह से पुलिस इस रिवायत (रस्म) को .खत्म करने में दिलचस्पी नहीं दिखाते।

ऐसे मर्दों के बारे में भी .खबरें मिली हैं जो ग़ैरत के मसले (समस्या) के बजाये किसी और झगड़े की वजह से दूसरे मर्दों को क़त्ल कर देते हैं और इसके बाद अपने ही. खानदान को किसी औरत सको कारी क़रार देकर मार डालते हैं। ताकि पहले क़त्ल को ग़ैरत के क़त्ल का नाम दिया जा सके ऐसे क़िस्से भी सामने आये हैं जिनसे मालूम होता है कि भरपायी का लालच भी सच को दबाने का कारण बना है। घोडक़ी में एक आदमी के भाई वो नाजायज़ ताल्लुकात का इल्ज़ाम लगाकर उसकी बीवी पर हमला कर दिया। मर्द को अपनी बीवी के मासूम होने का विश्वास था वे उसके इलाज की ग़र्ज से कराची ले गया। उसे जब बताया गया कि उसकी बीवी का कमर से नीचे का धड़ अब हमेशा के लिए अपाहिज (फालिज मार दिया) हो चुका है तो उसने अपने विचार बदल करके अपनी बीवी को कारी (बलात्कृत) क़रार दे दिया और जिस मर्द पर कारू (बलात्कारी) होने का शक था उसके. खानदान से भरपायी के बदले एक औरत ले ली।

इस बात ने कि नाजायज़ रिश्तों का इल्ज़ाम लगा कर मदद/भरपायी में औरतें हासिल की जा सकती हैं औरत को एक बहुत बड़ी आज़माइश में डाल दिया है अगर कोई औरत किसी मर्द से शादी से इन्कार कर दे तो वो उस औरत के .खानदान के किसी मर्द को कारू (बलात्कारी) क़रार देकर उसे क़त्ल करने के बदले उस औरत को तलब कर सकता है कभी-कभी वो अपने इल्ज़ाम को भारी बनाने के लिए अपने .खानदान की किसी औरत को कारी (बलात्कृत) मान कर क़त्ल कर देता है।

वह लड़कियाँ और औरतें जो रस्म-ओ-रिवाज़ के उसूलों के ख़िलाफ़ होती हैं उन्हें सज़ा का .खौफ़ होती है।

उनके लिये बहुत कम जगहें मौजूद हैं उन औरतों में से शायद ही किसी को घर से बाहर की दुनिया के बारे में कुछ मालूम होता है। वह नक़ल और हमल (गर्भ) के लिए मौजूद पब्लिक ट्रान्सपोर्ट के बारे में भी कुछ नहीं जानती। उनके पास आम तौर पर पैसा भी नहीं होता वे अगर तन्हा (अकेली) घर से निकल कर खड़ी हो तो हमेशा .खतरों से घिरी रहती हैं। कारूओं के मुक़ाबले में कारियों (बलात्कृत) की बहुत-सी संख्याओं का मारा जाना इस हक़ीक़त को ज़ाहिर करता है कि मारी जानेवाली औरतें बाहर की दुनिया में निकलने की क़ाबिल नहीं होती। बहुत-सी औरतें जो ज़िन्दगी के लिये फ़रार होती हैं वह पकड़ी जाती हैं और उनको क़त्ल कर दिया जाता है।

पुलिस आमतौर पर रस्मों और शिष्टाचार/रूढ़िवादिता के सरपरस्त (शुभचिन्तक) के तौर पर काम करती है या उस काम के लिये इस्तेमाल होने पर आमादा (तत्पर) होती है इसलिए कि वह कानून के पक्षपात को लागू करके बाप इन बालिग़ बेटियों को जो अपनी मर्ज़ी से शादियाँ कर लेती हैं पकड़ने के लिए ज़्यादातर पुलिस का इस्तेमाल करते हैं। अदालतों ने अपने कई फैसलों में वह स्वीकार किया कि औरत अपने सरपरस्त की रज़ा (मर्जी) के बग़ैर शादी करने कर अधिकार रखती हैं लेकिन इसके बावजूद इस अधिकार का इस्तेमाल करनेवाली औरतों के ख़िलाफ़ अग़वा और बलात्कार के मुक़दमों का सिलसिला जारी है इस तरह पुलिस आसानी से पता लगाकर क़ैद कर सकती है कि जोड़ शादी-शुदा और उस पर अग़वा या बलात्कार का इल्ज़ाम नहीं लगाया जा सकता।

ग़ैरत के नाम पर जो क़त्ल किये जाते हैं उनकी ठीक संख्या का पता लगाना मुश्किल है क्योंकि ऐसी बहुत-सी बातों का न तो पर्दाफाश होता है और न पुलिस में उनकी रिपोर्ट दर्ज करायी जाती है। एच.आर.सी.पी. ने सन् 2000 में ग़ैरत के

नाम पर मारी गयी औरतों की संख्या 1000 रिकार्ड की है इसके अलावा सिर्फ़ पंजाब सूबे में औरतों के ख़िलाफ़ ज़ुल्म के दूसरे हादसों में बलात्कार के कम-से-कम 700 हादसे हुए और 861 औरतों को क़त्ल किया गया। हुकूमत और एन.जी.ओ. द्वारा जमा किये गये आंकड़ों में बड़ा अन्तर पाया जाता है।

एच.आर.सी.पी. हैदराबाद के दफ़्तर ने सन् 2008 के दौरान सिन्ध में ग़ैरत के नाम पर किये जानेवाले 280 क़त्ल रिकार्ड किये इसके अलावा दूसरे 393 हिलाकतों (इल्ज़ाम) में औरतों की संख्या 230 क़त्ल रिकार्ड किये इसके अलावा दूसरे 393 हिलाकतों (इल्ज़ाम) में औरतों की संख्या 236 थी। दूसरी तरफ सिन्ध पुलिस का दावा है कि इन वर्षों में कुल 294 लोग ग़ैरत के नाम पर क़त्ल हुए जिनमें 189 औरतें भी शमिल थीं।

पुलिस ने दावा किया कि 2001 की पहली चौथाई में ग़ैरत से सम्बन्धित जुर्म में 32 लोग क़त्ल हुए जिनमें 24 औरतें शामिल थीं। जबकि एच.आर.सी.पी. का कहना है कि इस बरस ज़ुल्म के दौरान 62 औरतों समेत कुछ 87 लोगों को क़त्ल किया गया।

पाकिस्तान में प्रोयगण्डा और इन्सानी अधिकारों के लिए काम कर रही संस्थाओं का कहना है कि मुल्क में हर रोज़ तीन औरतों को ग़ैरत के नाम पर क़त्ल किया जाता है। नेशनल कमीशन ऑन दी इन्स्टेट्स ऑफ विमेन की चेयर पर्सन डॉक्टर शाहीन सरदार अली न जनवरी 2001 में कहा—

“सदियों पुराने इस मसले (समस्या) यानी औरतों के ख़िलाफ़ ज़ुल्म की जड़ें ग़ैरत और इज़्ज़त से सम्बन्धित रस्म-ओ-रिवाज़ में जुड़ी हैं जो देहात के इलाक़ों, जागीरदार (साम्राज्यवाद) और क़बाइली (आदिवासी/सरहदपार) ख़ानदानों में प्रचलित हैं जब तक लोग औरतों को अपनी मिल्कियत (जायदाद) समझना ख़त्म नहीं करेंगे, यह मसला (समस्या) ख़त्म नहीं होगा।”

यह भी एक आम-सी बात है कि खुला (तलाक़ जिसको औरत माल देकर या मेहर माफ़ करके हासिल करे) माँगनेवाली औरत को “ग़ैरत के नाम पर” (आत्मसम्मान के नाम पर) क़त्ल कर दिया जाता है यह रवैया हमारे यहाँ किस हद तक मज़बूत है इसका अन्दाज़ा इस बात से लगाया जा सकता है कि अमरीका की रियासत में एक पाकिस्तानी ने अपनी बीवी और उसके माता-पिता, भाई और भांजी को इस 'जुर्म' में क़त्ल कर दिया कि उसने तलाक़ माँगी थी। यह क़त्ल पाकिस्तान के बजाए कुफरिस्तान यानी अमरीका में हुआ था। इसलिए उन बेगुनाहों का ख़ून बेकार नहीं माना गया और क़ातिल को सज़ा-ए-मौत सुनायी गयी।

औरतें अगर अपने शौहरों या घरवालों के हाथों बहुत ज़्यादा ज़ख्मी हो जायें तब भी पुलिस उनकी तरफ़ से मुक़दमा दर्ज़ करने के लिए उनके हौसले को तोड़ती हैं और उनको अपने शौहरों (पतियों) या घरवालों से समझौता करने की राय देती हैं। कारोकारी (बलात्कारी और बलात्कृत) के हादसात में जब शौहर थानों में पेश होकर किसी लड़की या .खानदान के किसी औरत को क़त्ल करने को स्वीकार करते हैं तो उसके बाद भी आम तौर पर पुलिस कार्रवाई नहीं करती जिससे रस्म-ओ-रिवाज़ के नाम पर क़ानून को लागू करने में पुलिस की .खास दिलचस्पी साफ़ दिखायी देती है।

1995 की एच.आर.सी.पी. की 'सालाना रिपोर्ट' (वार्षिक रिपोर्ट) के अनुसार इस साल के दौरान सुप्रीम कोर्ट की एपलीटेण्ट बेंच ने एक मुक़दमें का फैसला सुनाते हुए यह राय दी कि शरियत (इस्लामी क़ानून) के अनुसार बीवी और बच्चों के क़ातिल को सज़ा ए मौत नहीं दी जा सकती। इसलिए 'झक्कड़पुर के मोहम्मद अकरम, जो अपनी बीवी अज़रा परवीन, तीन बालिग बेटियों और एक साल के बेटे का क़ातिल था उसको सज़ा ए मौत को अदालत ने 16 साल की क़ैद में बदल दिया।

औरतों की सरेआम (बदनामी) बेइज़्ज़ती उन्हें नंगी करके उनके रिश्तेदारों, मुहल्लेदारों, गलियों और बाज़ारों में घुमाना एक ऐसा हौलनाक जुर्म है जो पंजाब के देहातों में आम होता जा रहा है। उनके ज़्यादातर हादसे क़ौमी अख़बारों में प्रकाशित नहीं होते लेकिन जिन पर ज़ुल्म होता है उनकी फरियाद क़ौमी (नेशनल/राष्ट्रीय स्तर/सतह) पर सुन भी ली जाये तो भी वह इन्साफ से वंचित रहती हैं ऐसे जुर्म आम तौर पर इलाक़े के चौधरी ज़मींदार सरदार या उनकी सरपरस्ती में पलनेवाले अपराधी करते हैं। उन्हें इलाक़े की पुलिस से पनाह की सरपरस्ती हासिल होती है ऐसे में ज़ुल्म की शिकार लड़कियों और औरतों के लिये इंसाफ महज़ एक .ख्वाब (सपना) बना रहता है। पंजाब में यह हादसे सिर्फ देहातों में ही नहीं लाहौर उकड़ा, झंग, शेखपुरा सांगलाहिल, कुसूर क़ादिरपूर मुल्तान जैसें शहरों में भी हुए हैं। औरतों की सरेआम (खुलेआम) बेइ़ज़्ज़ती के यह हादसे ज़ाती (आपसी) बदले, दुश्मन क़बीले (दुश्मन के गिरोह) को ज़लील (बुरा-भला कहना) करने या सियासी विरोध की बुनियाद पर होते हैं और पुलिस तमाशाबीन बनी रहती है। एच.आर.सी.पी. की सालाना रिपोर्टों के अनुसार पंजाब में सन् 1993 के दौरान ऐसे 48 हादसे, 1994 में 96 हादसे, 1995 में 28 हादसे रिकार्ड किये गये।

दुनिया भर में पुलिस, जनता जो कर (टैक्स) देती है उससे अपनी, तनख्वाह हासिल करती है और क़ानून लागू का सबसे .खास और असरदार ज़रिया समझी जाती

है। जबकि पाकिस्तान में पुलिस कमज़ोर और बेहैसियतदार लोगों के लिए किसी अज़ाब (कष्ट) से कम नहीं। पाकिस्तानी औरत के लिये पुलिस क़हर-ए-इलाही (.खुदा के ग़ुस्से की तरह) की हैसियत रखती है। किसी भी इल्ज़ाम में थाने पहुँचनेवाली औरत का पुलिसवालों से बचा रहना चमत्कार ही समझा जाता है। .खास कर ग़रीब और बेसहारा औरतों का थाने में कोई मदद करनेवाला नहीं होता। अच्छे घरानों की वह लड़कियाँ जिन्हें पुलिस बड़े शहरों की किसी तफ़रीह गाह (घूमने की जगह) से उठाती है, उनके साथी लडक़ों से माल वसूल किया जाता है और लड़कियों से बदन का टैक्स हासिल किया जाता है और आर्डिनेंस के तहत मुक़दमे की धमकी और बेइज़्ज़ती का .खयाल न सिर्फ उनमें से ज़्यादातर लड़कियों, बल्कि घरवालों को भी इस बेइज़्ज़ती के ख़िलाफ़ ज़ुबान बन्द रखने पर मजबूर करता है। पुलिस की इस 'कारगुज़ारी' (काम करने के तरीक़े) का हिसाब आर.सी.पी. के पास भी नहीं, क्योंकि पुलिस के हवाले से रिकार्ड में यौन सम्बन्ध का मुक़दमा ना तो दर्ज किया जाता है और न करवाया जाता है।

औरतों की सौदेबाज़ी ऐ निहायत फायदेमन्द कारोबार बन चुका है। इस कारोबार में बँगलादेशी, अफ़ग़ानी और बर्मी औरतों की तिजारत खुलेआम है। एच. आर.सी. के अनुसार कराची में दूसरे मुल्कों को औरतों को बाक़ायदा कारोबार होता है जिनमें से ज़्यादातर बँगलादेश और बर्मा से लायी जाती हैं हर रोज़ लगभग 100 से 150 औरतें. खरीदी और बेची जाती हैं। कराची में बँगला देसी औरतों की संख्या लगभग दो लाख और बमी औरतों की तीस हज़ार है। यह औरतें आम घरों में काम करती हैं या वेश्यालयों/रण्डीखानों में रखी जाती हैं। क़ीमत का अन्दाज़ा औरत की उम्र और शक्ल सूरत देखकर किया जाता है। यह घिनौना कारोबार करनेवालो से पुलिस भी दस हज़ार रुपये प्रति औरत के हिसाब से अपना हिस्सा वसूल करती है। बेचने वाला ग्राहक की मर्ज़ी-ओ-मंशा के अनुसार .खरीदी गयी औरत को मुल्क के किसी भी हिस्से में पहुँचाने का ज़िम्मेदार होता है।

औरतों के ख़िलाफ़ घरेलू ज़ुल्म का .खराब तरीक़ा उन्हें ज़िन्दा जला कर मार देना है। इस. खराब ज़ुल्म में शौहर (पति) देवर, सास, ससुर और ननदें शामिल होती हैं। औरतें और नयी-नयी शादी की हुई दुल्हनों को यह, सज़ा दहेज कम लाने, बेटा न पैदा करने या किसी 'ना-फरमानी' (हुक्म न मानने) पर दी जाती है। नयी शादी की इच्छा रखनेवाले लोगों के लिए भी यह एक आसान नुस्खा है, जिसे करके वो "मेहर और नान-व-नफ़का" (लड़की के निकाह के वक्त कुछ पैसे रुपये की शर्त को रखते हैं और यह शर्त लड़कीवालों की तरफ़ से होती है जिसको मेहर कहते हैं।

नान-व-नफ़का (बीवी को .खर्चा देना) के .खर्च से बच जाते हैं। यह क़त्ल का वह तरीक़ा है जिसे 'हादसा' कहकर जान छुड़ायी जाती है और 90% हादसों में पुलिस भी अपना टैक्स पाकर उस भयानक क़त्ल को 'हादसा' स्वीकार करती है। एच.आर. सी.पी. की रिपोर्ट के अनुसार 1999 के दौरान पंजाब में औरतों को जलाने के 280 सेज़्यादा हादसे सामने आये जिनमें से किसी एक हादसे को अंजाम देनेवाला या करने वाले गिरफ्तार नहीं हुए। 2002 में औरतों को जलाने के क़िस्सों में 20% की बढ़ोत्तरी हो चुकी थी।

पाकिस्तानी आज भी जागीरदारों और क़बाइली (जत्थे, समूह) रस्म-ओ-रिवाज चंगुल में जकड़ा हुआ है। ऐसी सूरत-ए-हाल ने औरत को रूह/दिल/संवेदना और मर्द जैसे अधिकार रखनेवाली इन्सान की बजाय एक शय (वस्तु) में बदल दिया है। पाकिस्तानी औरत की असल हैसियत को समझना हो तो इस क़बाइली (सरहद पार) मिसाल को याद कर लेना चाहिये। जिसके अनुसार औरत का दर्जा 'कोरिया-ए-गोर' यानी घर या क़ब्र है।

यह क़त्ल कितनी मामूली बातों पर होते हैं इसका अंदाज़ा नीचे लिखे क़िस्सों (हादसों) से लगाया जा सकता है :–

• 12 मई, 2000 को डेस्का (मुल्क का नाम) में अपने एक व्यक्ति ने अपनी बहन को उस वक़्त गोली मार कर .खत्म कर दिया। जब उसने उसके कपड़ों पर प्रेस करने से इन्कार कर दिया।

• 19 मार्च, 2000 को वक़्त (समय) पर नाश्ता न देने पर, ढेरकी में अब्दुल ग़नी शेर ने अपनी बीवी साजदा परवीन को गोली मारकर .खत्म कर दिया। उनकी शादी को तीन माह हुए थे।

सूबा सिन्ध के ज़िला .खैरपूर में 13 मई, 2000 को वक़्त पर खाना ना देने पर हनीफ जात ने अपनी बीवी सुगरा (अगरा) का सर क़लम कर दिया।

एच. आर. सी. की 1999 की वार्षिक रिपोर्ट में पाकिस्तान की समाजी रस्म-ओ-रिवाज़ का नक़्शा खींचते हुए यह बताया गया है कि सूबा सरहद के क़बायली इलाकाजात में 'वलूर' किसी भी लड़की की तय की जानेवाली वह क़ीमत भी है जिस का अदा करने के बाद कोई क़ीमत तय नहीं की जाती। अब उसकी बोली लगायी जाती है। सब से ज़्यादा क़ीमत अदा करनेवाला लड़की का मालिक बन जाता है सिन्ध में वलूर की जगह वीकरो/वेकरो का शब्द इस्तेमाल किया जाता है। पंजाब में ऐसी कोई रस्म नहीं है लेकिन दूसरे लोगों में दुल्हनों का. खरीदना और बेचना आम है। इस रस्म-ओ-रिवाज के पीछे काम करनेवाले ज़ज्बे को आप माँ-बाप की आर्थिक ज़रूरत या पैसे का लालच कह सकते हैं।

लड़कियों के झगड़े और उसे निपटाने के लिए भी इस्तेमाल किया जाता है। उसे 'सवारा' कहा जाता है। अगर कोई क़बीला (जत्था) यास (उम्मीद) लेकर किसी बात से तौबा कर लेता है और किसी वजह से झगड़े को बढ़ाना नहीं चाहता। अमन-ओ-चैन की दरख़ास्त करता है तो वह प्रायश्चित्त के तौर पर एक लड़की पेश करता है। सिन्ध में अगर लड़की की उम्र सात (7) वर्ष से कम है तो आम तौर पर दो (2) लड़कियाँ पेश की जाती है और अगर लड़की की उम्र सात (7) साल से ज़्यादा है तो एक (1) सिन्ध और पंजाब में ज़मीदार ओर (जागीरदार) अपनी लड़कियों की .खानदान से बाहर शादी नहीं करते ताकि वो .खानदानी जायदाद को बँटवारा होने से बचा सकें। अगर कोई चचेरा या मौसेरा ना मिले तो उसके पैदा होने का इन्तज़ार करते हैं और 15 से 20 साल की उम्र की लड़की अपने होनेवाले पति के पालने (भरण-पोषण) में हाथ बटाती है।

इसके विपरीत यह भी देखने में आया कि लड़की की पैदाइश से पहले ही उसकी मंगनी कर दी गयी इस रस्म को ''पैठी'' कहते हैं। न पसन्दगी की सूरत में .खराब हालात का सामना भी लड़की को ही करना पड़ता है। लडक़ा किसी वक़्त भी दूसरी शादी कर सकता है और किसी वक़्त तो लड़की को किसी मर्द से शादी ही नहीं करने दी गयी। उसके बदले उसकी शादी क़ुरान शरीफ से कर दी गयी। इस रस्म को 'हक़ बख़्शवादी' (हक़ माफ करना) कहते हैं। वो अम्ली तौर पर कुवारी ही .खत्म हो जाती है लेकिन इस तरह.खानदानी ज़मीन के एक टुकड़े को टुकड़ा होने से बचा लिया जाता है।

पंजाब और दूसरे कई इलाक़ों में बटा सट्टा (एक तरह की रस्म) की रस्म छुआ-छूत की बीमारी बन कर फैल रही। इस रस्म के तहत बच्चों के एक जोड़े का, उसी तरह के एक जोड़े के साथ रिश्ता तय कर दिया जाता है। इस तरह के रिश्ते के दो फायदे होते हैं। जायदाद से सम्बन्धितों को यह मौक़ा नसीब होता है कि वह बँटवारे से बच जाती है और उसके अधीन बहू (या बीवी) दूसरे घरों में बेटी (या बहन) के हक़ में इस हालत में जब उसके ख़िलाफ़ कोई ज़्यादती (ज़ुल्म) की जा रही हो तो बतौर भरपायी इस्तेमाल में लायी जाती हैं। इस रस्म की वजह से आम तौर पर ज़्यादा नुक़सान लड़कियों का ही होता है। पहले तो रिश्ते की बुनियाद मर्ज़ी पर नहीं बल्कि अदले-अदले या लेन-देन की बुनियाद पर रखी गयी। दूसरा एक ऐसा .खानदान जो आपसी तौर पर रज़ामंदी से एक लगातार रिश्ता मज़बूत कर रहा है। इससे तक़ाज़ों (ऐसी चीज़ माँगना जिसके पाने का अधिकार हो) में बाहरी कामों पर अमल करनेवाला किया जाता है। लगभग यही देखने में आया है कि अगर कोई एक

जोड़ा बहुत ज़्यादा झगड़े या फसाद की ज़िद में आता है तो दूसरा जोड़ा भी असाधारण तौर पर उससे प्रभावित हुए बग़ैर नहीं रहता अक्सर उसके बहुत भयानक नतीजे भी सामने आये हैं।

क़ानूनी तौर पर रोकने के बावजूद कभी दूसरे रस्म-ओ-रिवाज़ पर भी अमल होता है। पाकिस्तान के क़ानून में ग़ुलामी की रोक है और पेशावर हाईकोर्ट ने भी 9 नवम्बर, 2000 में 'सवारा' की रस्म को ग़ैर-क़ानूनी माना है लेकिन इसके बावजूद क़र्ज़ और झगड़ों और विरोध के फ़ैसलों में लड़कियों और औरतों का लेन-देन-है। सन 2000 में सिखर की एक छह (6) साल लड़की के माँ-बाप ने उसकी शादी (60) साठ साल के बूढ़े मर्द के साथ कर दी क्योंकि वो उस आदमी का क़र्ज़ अदा नहीं कर सकते थे। अख़बारी ख़बरों के अनुसार मर्द ने बच्ची के साथ रात बसर की और बलात्कार के बाद छोटी बच्ची बहुत तक़लीफ़ में घण्टों चीख कर रोती रही।

जून सन 2001 में सूबा सिन्ध के ज़िला ठठ में जतोयी क़बीले के एक गुट ने क़बीले के क़द्र ख़ास लोगों के बीच एक नौ (9) महीने पुराने झगड़े का निपटारा किया। हनीफ जतोयी और उसके भाई नूर मोहम्मद जतोयी ने मोहम्मद ज़मान जतोयी को क़त्ल किया था। जिरगा (क़बीले की) ने दो छोटी लड़कियों को भरपायी में देने का फैसला किया था। दोनों भाइयों ने मोहम्मद ज़मन जतोयी के पालतू कुत्ते के भौंकने पर ग़ुस्से में आकर उस क़त्ल कर दिया था। जिरगा ने क़ातिलों की दो छोटी लड़कियों को मरनेवाले से सम्बन्धित दूसरे गुट को देने का फ़ैसला किया। मुलज़िम हनीफ जतोयी की ग्यारह साल की बेटी की शादी मरनेवाले (मौहम्मद ज़मन का क़त्ल किया गया है।) मोहम्मद ज़मन जतोयी के 46 साल के बाप से करायी गयी। जबकि नूर मोहम्मद जतोयी की 6 साल की बेटी की शादी (जिसका क़त्ल किया गया) मोहम्मद के (8) आठ साल छोटे भाई से करायी गयी। इस भरपायी के फैसलों को तमाम गुटों ने क़ुबूल किया। लड़कियों से उनकी मर्ज़ी मालूम नहीं की गयी इस की ख़बरें पाकिस्तानी अख़बारों में प्रकाशित हुई लेकिन इस काम का विरोध करने या लड़कियों को बचाने के लिए व्यवस्था की तरफ से कोई क़दम नहीं उठाया गया।

औरत के ख़िलाफ़ जो ज़ुल्म होते हैं उसमें ग़ैरत के लिए क़त्ल किया जाना सबसे ज़्यादा घिनौना चलन है। खाने-पीने के ज़ुल्म के हादसे बहुत आम हैं। अगर कोई औरत-मर्द की नाफरमानी करे और उसके मर्द की ख़ुद्दारी ज़ख्मी हो तो सज़ा के तौर पर उसे ज़ुल्म का निशाना बनाया जाता है। उसकी एक मिसाल साबरा ख़ान हैं। जिसकी शादी 16 साल की उम्र में दुगनी उम्र के मर्द के साथ कर दी गयी।

शादी के कुछ साल बाद 1991 में उस पर घरवालों से मिलने पर हमेशा के लिये पाबन्दी लागू कर दी। दिसम्बर 1993 में जब उसने उद्दण्डता/ना फरमानी की कोशिश की तो औरत के बयान के मुताबिक़ उसके पति और सास ने उस पर मिट्टी का तेल छिडक़ कर आग लगा दी। उस वक़्त वह तीन माह के गर्भ से थी। 60 फीसदी जल जाने के बावजूद वह ज़िन्दा बच गयी। उसका जिस्म बुरी तरह दाग़दार हो गया वो उस वक़्त से उस जुर्म करनेवालों को इन्साफ की गिरफ़्त (पकड़) में लाने के लिये लड़ रही है लेकिन अब तक उसे कोई क़ामयाबी हासिल नहीं हुई। जहल्क के एक जज ने उसके पति की इस दलील को मान लिया है कि साबरा का मानसिक संतुलन ठीक नहीं था और उसने .ख़ुदकुशी (आत्महत्या) की थी। रावलपिण्डी हाईकोर्ट की एक बेंच में साबरा की अपील उस वक़्त भी फैसले के इन्तज़ार में हैं।

29 मार्च, 1999 को .ख़ानपुर में कालेज की अट्ठारह साल (18) की लड़की कैसराना बीवी को उसके घरवालों ने एक ऐसे मर्द से शादी करने पर मजबूर किया जिससे वो शादी करना नहीं चाहती थीं। इसलिए उसने .ख़ुदकुशी को महत्त्व दिया और रेल की पटरी पर लेट गयी। फिर इस तरह गाड़ी उसे काटती हुई गुज़र गयी।

पाकिस्तान के देहाती और क़बाइली (सरहदपार) इलाक़ों में आज भी औरतों के लिये इलेक्शन (चुनाव) में खड़ा होना तो दूर की बात है, उन्हें वोट डालने की इजाज़त भी नहीं दी जाती। मार्च 2001 में होनेवाले चुनाव में औरतों को हिस्सा लेने या वोट डालने से रोकने के लिए स्थानीय बुज़ुर्गों और मज़हबी लीडरों ने धमकियाँ दी कि वोट डालनेवाली औरतों को .ख़राब नतीजों का सामना करना होगा न वह उनका निकाह पढ़ायेंगे और न नामज़-ए-जनाज़ा (मृत्यु के बाद जो नामज़ पढ़ी जाती है उसे नामज़-ए-जनाज़ा कहते हैं) यहाँ तक कि एक औरत जो चुनाव में खड़ा होना चाहती थी उसे क़त्ल कर दिया गया। दिलचस्प बात यह है कि उन इलाक़ों में मशहूर सियासी पार्टियों, मिसाल के तौर पर मुस्लिम लीग, पीपुल्स पाटी और ए.एन.वी. ने भी औरतों को वोट डालने से रोकने के बुजुर्गों के फैसले का समर्थन किया। उस बारे में स्थानीय आज्ञा का तरीक़ा बहुत ही पक्षपाती था। उन्होंने चुनाव में हिस्सा लेने की इच्छा रखने वाली औरतों की किसी भी तरह मदद नहीं की, न उन्हें किसी तरह की सुरक्षा मुहैया करायी। सन् 2002 में भी उत्तरी इलाक़ो में यही सूरत-ए-हाल रही है।

औरतों के लिए काम करनेवाली एन.जी.ओ. की औरतों को देहाती इलाक़ों .ख़ास कर सरहद में बहुत से .ख़तरे हैं। इस्लामी क़ानून को लागू करने में मोहम्मदी

TNSM (तहरीक निफाज़ ए शरीअत मोहम्मदी TNSM) के लीडरों ने मालाकुण्ड में अपने मुरीदों को यह हुक्म तक दिया कि अगर उन्हें एन.जी.ओ. में काम करनेवाली कोई औरत मिल जाए और उससे निकाह कर लें ताकि वह बाक़ी ज़िन्दगी घर की चहारदीवारी में गुज़ारे।

घरेलू हिंसा जो अक्सर मुहलक् (मार डालनेवाले) का बाज़ार होता है पाकिस्तान में आम है। यह अक्सर मर्दों की उस सोच का तार्किक नतीजा है कि औरतें उनकी मिल्कियत हैं और उनका फ़र्ज़ है कि वह मर्दों की ज़रूरतों और इच्छाओं को बग़ैर किसी रुकावट के पूरा करें।

1998 में पंजाब विश्वविद्यालय के छात्रों की एक टीम ने H.R.C.P. की मदद से घरेलू हिंसा के हादसों की जाँच पड़ताल की। 1500 औरतों का इण्टरव्यू किया गया। पंजाब के पाँच ज़िलों लाहौर, गुजराँवाला, सरगोधा, मुल्तान और डेरा गाज़ी खान, हर एक में से तीन-तीन औरतों से सवाल पूछे गये। शहरी और देहाती इलाक़ों में से इण्टरव्यू की जानेवाली उन औरतों की संख्या बराबर थी।

कुल संख्या का 46% अनपढ़ थीं सिर्फ 17% ने ग्रेजुएशन या उससेज़्यादा शिक्षा हासिल की थी। उनमें से 25% के पति अनपढ़ थे। 29% ने ग्रेजुएशन की थी। साक्षात्कार की जानेवाली औरतों में से 30% की शादी को 3 से 7 साल का समय हो चुका था। 25% की शादी को 8 से 12 साल, 17 प्रतिशत की शादी 13 से 17 साल, 13 प्रतिशत की शादी को 18 से 22 साल और बाक़ी औरतों की शादी को 22 साल से ज़्यादा समय हो चुका था।

ज़्यादातर हादसे में 94% शादियों का बंदोबस्त खानदानवालों ने किया था। इंटरव्यू की जानेवाली ज़्यादातर शादीशुदा औरतें (76%) घरेलू औरतें थीं।

जाँच के बाद जो नतीजे निकाले गये हैं उनमें से कुछ नीचे दिये गये हैं–

1. 84% औरतों ने घरेलू झगड़ों और हिंसा की घटनाओं को स्वीकार किया। मियाँ और बीवी की शिक्षा और पढ़ाई के सभी स्तरों पर ये एक जैसी थीं। जिन मियाँ बीवी की शिक्षा पोस्ट ग्रेजुएशन या जिन्होंने पेशावराना/व्यावसायिक शिक्षा हासिल कर रखी थी, उनके यहाँ इस तरह के झगड़े में कमी थी।

2. सबसे ज़्यादा यानी 18% ने रोज़ाना झगड़ों का ज़िक्र किया। लगभग इतनी ही औरतें 17% ने कहा कि यह हफ्तावार सिलसिला था। 37% ने बताया कि उनके यहाँ महीने में एक या दो बार झगड़ा होता है।

3. ज़्यादा हादसों में (53%) झगड़े, पति की तरफ से बुरा भला कहने और सख़्त (कड़ा) रवैया अपनाने पर होते हैं। 50% हादसों में वह गाली-गलौच पर उतर

आता है। 27% ने यह कहा कि पति की तरफ़ से मारपीट का सामना भी करना पड़ता है। 13% ने बताया कि उन्हें तलाक़ की धमकी दी जाती है।

4. काफ़ी बड़ी संख्या (45%) ने बताया कि वह पति की तरफ़ से हो रहे ज़ुल्म को .खामोशी के साथ बर्दाश्त कर लेती हैं। थोड़ी-सी कम संख्या (43%) ने कहा कि वह थोड़ा-सा विरोध भी कर लेती हैं। 11% ने बताया कि वह अस्थायी तौर पर छुटकारा पाने के लिए विरोध (ग़ुस्से) के तौर पर माँ-बाप के यहाँ चली जाती हैं। सिर्फ 1% (एक प्रतिशत) ने कहा कि वह ऐसे मौक़ों पर तलाक़ के बारे में सोचती हैं।

5. ज़्यादातर हादसों में बीवी की तरफ ससुराल वालों का रवैया ठण्डा या विरोध करनेवाला होता है। 53% ससुरों और उसके मुक़ाबले में 35% सासों का रवैय्या हमदर्दी का होता है।

6. ज़्यादातर झगड़ों (58%) की वजह बीवी की तरफ़ से घरेलू कामों में कोताही या 32% घटनाओं में आर्थिक परेशानियों को घरेलू झगड़ों की वजह बताया गया।

7. ससुरालवालों के साथ झगड़ों को स्वीकार करना जो पति के साथ झगड़ों के मुक़ाबलेज़्यादा थी बीवी तरफ से शौहर का रवैया ठण्डा था (46%) , या विरोधी था (31%), सिर्फ 18% ने कहा कि उनका पति उनकी तरफ़दारी (पक्ष) करता है।

8. साक्षात्कार की जानेवाली औरतों ने शादी के सिलसिले में अपने अधिकारों के प्रति बड़ी हद तक अज्ञानता दिखायी।

(A) लगभग आधी संख्या ने अपने निकाह नामे को देखा तक नहीं था।

(B) आम तौर पर हक़ 'मेहर' (लड़की के निकाह के वक़्त लड़की पक्ष की तरफ से कुछ ख़ानदानवालों की तरफ़ से 'शरा' (इस्लामी क़ानून) के अनुसार सिर्फ 32 रुपये लिखवायी गयी।

(C) 55% औरतों को 'हक़ ख़ुला' (औरत की तरफ से तलाक़ देने हक़) के अनुसार कुछ .खानदानवाले निकाहनामे में तलाक़ देने का हक़ लड़की के भी सुपुर्द करवा सकते थे। 22% को इस बात का ज्ञान था लेकिन उन्होंने यह हक़ अपने नाम सुपुर्द नहीं करवाया। सिर्फ तीन फीसद औरतों ने यह हक़ अपने नाम करवा रखा था।

(D) 44% औरतों का तलाक़ मिलने की सूरत में बच्चों को अपने अधिकार में रखने के सिलसिले में अपने अधिकार से सम्बन्धित कोई मालूमात नहीं थे।

(E) साक्षात्कार की जानेवाली औरतों में ज़्यादातर अपनी विरासत से सम्बन्धित कोई मालूमात नहीं रखती थी। 49% को इस बात का इल्म (ज्ञान) नहीं था कि पति की जायदाद में उनका कितना हिस्सा है और 42% यह नहीं जानती थी कि बाप की जायदाद में उनका कितना हिस्सा है।

औरतों के खिलाफ़ हिंसा की सतह जिसमें शारीरिक और मानसिक ज़्यादतियाँ (ज़बरदस्ती) कितना हिस्सा है।

औरतों के खिलाफ़ हिंसा की सतह जिसमें शारीरिक और मानसिकज़्यादतियाँ बलात्कार, तेज़ाब फेकना, जलाना और क़त्ल करना शामिल है। लगातार बढ़ रही है। औरतों के ख़िलाफ़ हिंसा की वारदातों की ठीक संख्या मालूम नहीं है। रिपोर्टों की बुनियाद पर अलग-अलग संस्थाएँ अलग-अलग आँकड़े पेश करती हैं। HRCP की वार्षिक रिपोर्ट का संक्षिप्त वर्णन यह है :–

''इन्सानी अधिकारों के गुणों की रिर्पोटों से पता चलता है कि हर दूसरी पाकिस्तानी औरत डायरेक्ट या इनडायरेक्ट सीधे तौर पर या और तरीक़े से ज़ुल्म का शिकार हो चुकी है।''

'इस सिलिसिले में एमनेस्टी इण्टरनेशनल की ताज़ा रिपोर्ट 'ज़ुल्म के. खात्मे .(खत्म करने के लिए) के लिए आगे बढ़िये' भी महत्त्व रखती है। इसमें औरतों पर होने वाले ज़ुल्म की हर क़िस्म (ज़ुल्म के प्रकार) के बारे में विस्तृत मालूमात मौजूद है।

इन्सानी अधिकारों की संस्थाएँ इंसानी अधिकारों की क़ानूनी मदद ने सन् 2000 में कराची में औरतों से असाधारण तौर पर 736 हादसे, यौन सम्बन्धी काम, कम-से-कम 600 केस उसके साथ बलात्कार के लगभग 400 हादसे दोनों प्रकार के बच्चों से .खराब काम के 480 हादसे, लड़कियों के बलात्कार के 180 औरतों की आत्महत्याएँ, 482 औरतों के अग़वा और 160 औरतों को जलाकर मार दिये जाने के हादसे रिकार्ड किये हैं। पाकिस्तान इन्स्टीट्यूट ऑफ मेडिकल साइन्सेज़ (FIMS) के अनुसार 80% से ज़्यादा शादीशुदा औरतों की शिकायत होती है। अगर उनके पति उनके पके हुए खाने या सफाई से सन्तुष्ट न हों या अगर औरतें बच्चा पैदा करने में 'नाकाम' हो जायें या 'ना पसन्दीदा' क़िस्म का बच्चा, यानी लड़की पैदा करें तो उनको लातें मारी जाती हैं। पिटाई की जाती है या उनकी यौन सम्बन्धी बेइज़्ज़ती की जाती है। दोस्ती के ज़रिये कम्युनिटी राहत शिक्षा (Sachet) का कहना है कि पाकिस्तान में हर रोज़ एक औरत क़त्ल और एक औरत (अपहरण) अग़वा कर ली जाती है। उनका कहना है कि सन् 2001 ई. के पहले 70 दिनों में मुल्क में हिंसा के 263 हादसे दर्ज हुए थे।

पिछले वर्षों से पाकिस्तान में बलात्कार में बढ़ोत्तरी हो रही है। H.R.C.P. के अनुसार मुल्क में हर तीन घण्टे में कहीं-न-कहीं एक औरत बलात्कार का शिकार होती है। H.R.C.P. का ख्याल है कि यह अन्दाज़ा बहुत ही कम है क्योंकि ज़्यादतियों केज़्यादा हादसे उसके साथ क़रीबी. ख़ूनी रिश्तेदारों से यौन सम्बन्ध बीवियों से ज़बरदस्ती शारीरिक सम्बन्ध की भी रिपोर्ट नहीं की जाती। हक़ीक़त में इस काम को कभी ग़लत समझा ही नहीं जाता। H.R.C.P. के अन्दाज़े के अनुसार पाकिस्तान में रोज़ाना औसतन औरतें बलात्कार का शिकार होती हैं जिनमें पाँच की उम्र 18 साल से कम होती है और दो तिहाई से ज़्यादा औरतें सामूहिक बलात्कार का निशाना बनती हैं।

यह बात चाहे कितनी ही अविश्वसनीय हो लेकिन हक़ीक़त यही है कि पाकिस्तान के देहाती इलाक़ों में पंचायतें बेक़सूर औरतों और लड़कियों पर भयानक ज़ुल्म करने में अपना मुक़ाबला नहीं रखते पिछले कुछ महीनों में ऐसे हादसे सामने आये हैं जब किसी गुट ने एक ख़ानदान के साथ 'इन्साफ' करने के लिए उसके मर्दों को इस बात का 'हक़' दिया कि वह दूसरे. खानदान की किसी लड़की या औरत से (को) सामूहिक बलात्कार करे, यह फैसला सिर्फ़ सुनाया ही नहीं गया बल्कि गिरोह ने अपनी निगरानी में उस सज़ा को पूरा भी किया। याद रहे कि ऐसे गिरोह फ़ैसला सुनानेवाले लगभग सभी लोग गाँवों की मस्जिदों में पाँच वक़्त की नमाज़ें अदा करते हैं। रमज़ान के तीस रोज़े रखते हैं उनमें से कुछ उमरा (हज का एक प्रकार) और हज की नेकी भी जानकारी हासिल करते रहते हैं और ऐसा फैसला सुनाते हैं जिनकी इस्लाम धर्म में कोई मिसाल नहीं मिलती। यह वाक़यात (हादसे) पहले भी होते थे लेकिन अब चूंकि अख़बारों और टेलीविज़न के प्राइवेट चैनलों का दायरा (पहुँच) बहुत बढ़ गया है। इसलिये इन दुःखद हादसों में से कुछ आम तौर पर सामने आने लगे हैं इन भयानक जुर्मों के करने और क़ानून को अपने हाथ में लेनेवाले लोगों में बहुत कम को सज़ा मिलती है। इसकी बुनियादी वजह यह है कि कि पुलिस स्थानीय क़बीले के सरदारों, पढेरे या चौधरियों को पनाह देती हैं। इस बारे में समाजी संस्थाऐं, अख़बारों और प्राइवेट संस्थाओं के विरोध और उनसे अपनी माँगों को पूरी करने की माँग दोनों बातें सामने आने में अपनी सरदारी और चौधराहट के हक़ की तौहीन समझते हैं।

पाकिस्तान में 'जिरगे' की सूरत में क़बाइली (आदिवासी/सरहद पार के लोगों के अपने क़ानून थे) इन्साफ तेज़ी से फल-फूल रहा है। इसने कितनी गम्भीर सूरत ग्रहण कर ली है इसका अन्दाजा इस बात से लगाया जा सकता है कि इन्टरनेशनल

ने ''पाकिस्तानी : क़बाइली निज़ाम-ए-इन्साफ'' के नाम से 36 पृष्ठों पर आधारित एक रिपोर्ट प्रकाशित की है। जिसके अनुसार इस बड़े छिछलेपन को ज़ाहिर करने के बावजूद कि 'जरगों' (जत्थों/समूहों) के ज़रिये औरतों के अधिकारों के ख़िलाफ वर्ज़ियों को बर्दाश्त नहीं किया जायेगा। यह ख़बर मालूम हुई है कि सरकारी काम करनेवाले, लोकल बॉडी के लीडर और सियासी पार्टी के सदस्यों के अंग उन 'जरगों' (समूह) का पक्ष लेते हैं या उनके दोषों को नज़रअन्दाज़ करते हें या फिर उनमें शामिल होते हैं।

सरकारी गिरोह तक में लगातार दो प्रकार के राज्य और क़ानून मौजूद है। सूचना के अनुसार (फरवरी) 2001 में गवर्नर सिन्ध ने लकराना के दौरे के मौक़े पर यह राय दी कि 'जरगा' (समूह/दल) कोई बुरी चीज़ नहीं है इसी तरह वफाली वज़ीर क़ानून ख़ालिद रांझा ने जुलाई 2002 में एमनेस्टी इन्टरनेशनल के एक डेलीगेशसन से बात करते हुए कहा कि पुराने झगड़ों को 'निपटाने' (ख़त्म करने के लिये) के लिये औरतों को 'जरगे' (समूह/दल) के हुक्म पर किसी क़बीले के हवाले करने का एक 'ग़ैर इन्साफी पहलू' है लेकिन इस समाजी रस्म के कुछ अच्छे पहलू भी हैं। इस तरह एक अकेली ज़िन्दगी की क़ीमत पर ज़्यादा संख्या में होनेवाली हिलाकतों (मृत्यु/विनाश) को रोका जा सकता है। ज़्यादातर विरोधी क़बीले में की गयी ज़बरदस्ती शादी के नतीजे में कुछ ऐसी औरतों को पहले साल के दौरान ज़रूर तक़लीफ़ होती होगी। पहले बच्चे की पैदाइश के बाद दूसरे सभी भेदभाव का अन्त हो जायेगा। यह वज़ीर क़ानून के फरमानवाले हैं। इससे अन्दाज़ा लगाया जा सकता है कि ज़ुल्म से सतायी हुई औरतों के लिये इन्साफ लगभग नामुमकिन या कम से कम बहुत मुश्किल रहता है।

यह ''कबाइली 'जिरगे' पाकिस्तानी औरत को जिस गैर इन्सानी (जो इन्सान के ज़िन्दा रहने के विपरीत) सूरत-ए-हाल से सामना कराती है इसकी एक मिसाल 22 जुलाई 2002 का वह हादसा है जो पंजाब के ज़िला मुज़फ्फरगढ़ के गाँव मीरवाला में पेश आया। इस हादसे में जरगें क़बीले की मुख़्तारिया बीबी को समूह के चार मर्दों के सुपुर्द कर दिया। मुख़्तारिया बीवी के नाबालिग (जो जवान न हो) भाई के साथ क़बीले (समूह) के कुछ लोगों ने जो इन्सानियत के विपरीत (प्रकृति के विपरीत) काम किया था जिस पर मोटा पर्दा डालने के लिये मस्तोह (कबीले/जत्थे) वालों ने इस नाबालिग लडक़े पर क़बीले की एक औरत से नाजायज़ सम्बन्ध का इल्ज़ाम लगाया। 'इन्तेक़ाम' (बदला) और ग़ैरत (ख़ुद्दारी) की बहाली के लिये जरगा

(गुट/गिरोह) बैठा और समूह के फैसले के बाद चार मर्दों ने मुख़्तारा बीवी का सामूहिक रूप से बलात्कार किया है। इन चार लोगों में जिरगे (समूह/गुट) का एक सदस्य भी शामिल था। सामूहिक बलात्कार का काम एक मिली हुई झोंपड़ी में किया गया था।. ख़बरों के अनुसार मस्तोह (क़बीले) के लोग झोपड़ी के सामने मौजूद थे और जश्न मना रहे थे। यह भी मालूम है कि बलात्कार का शिकार होनेवाली औरत को सैकड़ों देखनेवालों के सामने नंगा चलने पर मजबूर किया गया।

सूबा सरहद में क़त्ल या दूसरे झगड़े को निपटाने के लिये एक .खानदान या क़बीले की लड़की इस क़बीले के सुपुर्द कर दी जाती है जो बदला लेने (.खराब मतलब में) की रक़म के साथ उस लड़की को भी ले जाता है।

क़बाइली जरगा गुटा था रियासती क़ानून के ज़रिये झगड़े निपटाने के लिये जान बूझकर क़त्ल की क्षतिपूर्ति के एक हिस्से के तौर पर औरतों की हवालगी के केसों में औरतों की हैसियत दरअसल उन .गुलामों की सी होती है जिन्हें अपनी ज़िन्दगियों पर कोई अधिकार नहीं होता। जब कि पाकिस्तान के उसूल के आर्टिकल 11 (ग्यारह) में .गुलामी को मना किया है। .गुलामी .ख़त्म हो चुकी है और स्वीकार की जाती है और पाकिस्तान में किसी भी क़ानून के तहत इसको ने किसी रूप में इजाज़त दी जायेगी ना उस के रिवाज़ को बर्दाश्त न किया जायेगा। लेकिन इसके बावजूद दूर-दराज़ इलाक़ों में रहनेवाली पाकिस्तानी औरतें आज भी क़बाइली इन्सा.फ के तक़ाज़ो (अधिकार को माँगने) के अनुसार .गुलामी से दो-चार हैं और पाकिस्तानी रियासत उनको पकड़ने के लिए तैयार नहीं।

आज से नहीं कई वर्षों से औरतें बड़ी संख्या में नाम नेहाद (मशहूर) 'चूल्हों के फटने' के हादसों में दर्दनाक मौत का शिकार हो रही हैं। कहा जाता है कि खाना पकाते हुऐ उनके कपड़ों में आग लग गयी थी। सूबा पंजाब में सन् 2000 के सिर्.फ तीन महीनों में कम-से-कम 18 औरतें इस तरीक़े से .ख़त्म हुई लेकिन सिर्फ 20% मौतों में गिरफ्तारियाँ होती हैं। इन मुक़दमों में शमिल लोग ज़्यादातर अपनी मर्ज़ी से महज़ कुछ दिनों अन्दर रिहा हो जाते हैं। जलने की घटना में लोग घर को शामिल करने से परहेज़ करते हैं जिसकी वजह से फौजदारी मुक़दमा चलाने का काम ज़्यादा देर तक नहीं चल पाता।

घरों के अन्दर जिन औरतों की क़त्ल किया जाता है उनकी ज़्यादातर तादाद (संख्याओं) पर मिट्टी का तेल छिडक़कर आग लगा दी जाती है। मर्दों की तरफ से औरतों पर तेज़ाब फेकने के हादसों में भी बढ़ोतरी हुई है। तेज़ाब के ज़ख्मों से औरतें आम तौर पर .ख़त्म नहीं होती, लेकिन उनके चेहरे और बदन .ख़राब हो जाते हैं।

वह बहुत ज़ुल्म से परेशान रहती हैं। उनका. खुद का विश्वास दम तोड़ देता है। ज़िन्दगी की उमंग .खत्म हो जाती है और उनका आम जगहों पर जाना मुमकिन नहीं रहता।

पिछले वर्षों के दौरान औरतों और लड़कियों की दर में आत्महत्या में बढ़ोतरी हुई है। इन हादसों में घरेलू ज़ुल्म और हिंसा की दास्तान छिपी है जो आख़िरकार औरतों के लिए बर्दाश्त से बाहर हो जाती है। H.R.C.P. ने सन् 2000 में ऐसे आत्महत्याओं की 500 वारदातों का ज़िक्र किया है जिनमें H.R.C.P. के हैदराबाद आफ़िस ने सिन्ध में औरतों की खुदकुशी (आत्महत्या) के हादसों का जो रिकार्ड दर्ज़ किया है उस पर एक उड़ती हुई नज़र डालने से औरतों की परेशानी की अच्छी तरह से अन्दाज़ा लगाया जा सकता है। जनवरी 2000 में सिन्ध औरतों की आत्महत्या के 29 हादसे अख़बारों की .खबरों के ज़रिये रिकार्ड किये गये ज़्यादातर हादसों का सम्बन्ध घरेलू झगड़ों से था जिनकी निशानदही (जिनके बारे में बताया) नहीं की गई थी। लड़की

पाकिस्तान में क़ानून के अनुसार किसी भी लड़की की सोलह (16) से कम उम्र में शादी करना जुर्म है। लेकिन यह एक आम रिवाज़ है और यह दस-बारह वर्ष (10-12) की बच्चियाँ पचास (50) और (60) साठ वर्ष के बुड्ढों से ब्याह दी जाती हैं। पाकिस्तानी अदालत ने कभी-बुडढ़ों कभी लड़कियों और औरतों के इस हक़ को स्वीकार किया है कि वह ज़बरदस्ती शादी से इन्कार कर सकती हैं। पिछले दिनो इस शादी की बहुत चर्चा रही जिसमें कुत्ते पालने के एक शौकीन बाप ने अपनी 9 उम्र की लड़की को 60 वर्ष के एक व्यक्ति से चार ऊँची नस्ल के कुत्तों के बदले ब्याह कर दिया था।

सिन्ध पाकिस्तान का वह सूबा है जहाँ देहाती इलाक़ों में लड़कियों को उनके विरासती अधिकार से वंचित करने के लिये उनकी शादी क़ुरान से कर दी जाती है। H.R.C.P. की सन् 2000 की रिर्पोट के अनुसार इस वक़्त सिन्ध में 5000 लड़कियाँ ऐसी हैं जिनकी शादियाँ कुरान से हो चुकी है। इसी तरह सिन्ध और सरहद में क़र्ज़ की अदायगी और झगड़े के फैसलों घरों की लड़कियों और औरतों को झगड़ा करने वाले को दे दिया जाता है। जो उन्हें उम्र भर ग़ुलामों की तरह रखते हैं। सूबा सरहद में 'सवारा' का रिवाज है।

पाकिस्तान में पुलिस हस्तान्तरण के दौरान बीच शीरिक ज़ुल्म का निशाना बनाने का चलन बदस्तूर तरक्क़ी पा रहा था। पुलिस के महकमे में सुधार लाने की

ज़रूरत बहुत वर्षों से महसूस की जा रही है। लेकिन बार-बार की घोषणा के बावजूद कोई ठोस क़दम नहीं उठाया गया। रक़म (धन) और मालूमात को हासिल करने के लिये पुलिस की तरफ से हिरासत हुए लोगों को ज़ुल्म के ज़रिये डराने, परेशान और ज़लील (बेइज़्ज़त) करने का काम पहले की तरह आज भी जारी है। पाकिस्तान में हिरासत या क़ब्ज़े में आयी औरतों को भी मर्दों की तरह हर क़िस्म की हिंसा और बुरे व्यहवार का निशाना बनाया जाता है। जिसमें मारना, ठोकरें लगाना, बिजली के झटके देना, और उल्टा लटका देने जैसे ज़ुल्म के तरीक़े शामिल हैं। मार्च 2000 में पुलिस ने लोगों के सामने दो भीख माँगनेवाली औरतों के साथ मार-पीट की। वह बलात्कार के इल्ज़ाम के तहत गिरफ्तारी का विरोध कर रही थीं। सैकड़ों लोगों ने डेरा ग़ाज़ जी ख़ान में यह मंज़र देखा। इन औरतों पर नियमित तौर पर कोई इल्ज़ाम नहीं थे। इस मौक़े पर ना औरत पुलिस अफसरों को लाया गया और न ही पुलिस अफ़सरों के खिलाफ कोई क़दम उठाया जिन्होंने भी ज़्यादतियाँ की।

अगर पुलिस अपने ज़ुल्म या बदसुलूकी के पता लगवाने के.ख़ौफ महसूस करती है तो वह सारे सुराग मिटा देती हैं। प्रभावित लोगों और गवाहों को डराती धमकाती है या उन्हें मुआवज़ा (पैसा/मुचलका) देकर इल्ज़ामों को वापस लने की राय देती है। औरतों को शारीरिक तौर पर परेशान किया जाता है उन्हें शारीरिकज़्यादतियों का निशाना बनाया जाता है जिसमें बलात्कार भी शामिल है। सन् 2000 में कम-से-कम तीन औरतें ज़ुल्म की वजह से पुलिस हस्तान्तरण (सुपुर्दगी) के दौरान मर गयी है।

अंगूरी की रहनेवाली एक 15 साल की लड़की शमीम अख़्तर को .ख़बरों के अनुसार क़ौमी एसेम्बली के एक सदस्य के, नौकरों ने अगवा करने के आद बलात्कार का निशाना बनाया और बलात्कार का इल्ज़ाम लगा कर आड़याला जेल रावलपिण्डी में क़ैद कर दिया गया। वह जेल में टी.बी. (T.B.) का मरीज़ हो गया।

और जहाँ उसे वक़्त पर सही इलाज की सहूलियतें नहीं दी गयी। उसने लोहे की भारी डण्डा बेड़ी के साथ कई दिन तक जेल के अस्पताल में रहने के बाद 8 मई 2000 के जिन मर्दों ने (साफ तौर) कथित तौर पर उसका बलात्कार किया था उन्हें गिरफ्तार नहीं किया गया। यह भी नहीं मालूम हो सका कि लड़की को सही इलाज न मुहैया कराये जाने के बाद में कोई छानबीन हुई या नहीं।

पाकिस्तानी औरत के ख़िलाफ़ जुर्म में जिस .ख़तरनाक हद तक इज़ाफा (बढ़ोत्तरी) हो रहा है उसके विस्तार में जाना मुमकिन नहीं मैं यहाँ पंजाब के सिर्फ़ एक ज़िला फैसलाबाद के आँकड़ों को पेश कर रही हूँ। सन् 2001 के आँकड़े बताते हैं।

'औरतों के अग़वा होने, बेइज़्ज़ती और सामूहिक बलात्कार के क़िस्सों में बढ़ोत्तरी हो रही है। पिछले एक साल के दौरान ज़िले के देहात और शहर के इलाक़ों में जिस तरह के 301 क़िस्से हुए हैं रोज़नामा 'डान' के संवाददाता के अनुसार स्थानीय पुलिस ने बलात्कार के 96 और अ़गवा/बेइज़्ज़ती के 205 मुक़दमे आरडीनेंस के तहत दर्ज किये हैं।'

कम उम्र लड़कियों के साथ शारीरिक ज़बर्दस्ती क़िस्से देहात के इलाक़ों में खतरनाक हद तक बढ़ गये हैं। पिछले एक वर्ष के दौरान बलात्कार का शिकार होनेवाली लड़कियों की बड़ी संख्या नाबालिग़ थी। तीन बच्चियों का इस बेदर्दी से बलात्कार किया गया कि वह ज़ख्मों को बर्दाश्त नहीं कर सकी और .ख़त्म हो गयीं जबकि दूसरे हादसों में औरतों को बहुत बेरहर्मी से बलात्कार का निशाना बनाया गया के नतीजे में उन्हें शारीरिक और मानसिक एतबार से उन्हें बहुत नुक़सान उठाना पड़ा है उनमें से कई अब कभी माँ नहीं बन सकेगी बलात्कार के जुर्म में ज़्यादातर आपराधी लोग गिरफ्तार नहीं हुए हैं। 205 क़िस्सों में औरतें बलात्कार का निशाना बनाने से पहले भगा ली गयी थीं। उनमें से ज़्यादातर औरतें मानसिक बेचैनी या .खानदानों के टूट जाने की वजह से घर भाग गयी थीं। इन औरतों का मक़सद शादी के लिये पनाह हासिल करना था लेकिन अपने माता-पिता के लगातार दबाव और पुलिस की तरफ से परेशान किये जाने की वजह से वह बलात्कार का मुक़दमा दर्ज़ कराने पर मजबूर हुयीं। यह बात सामने बायी है कि यौन सम्बन्धी ज़ुल्म की शिकार ज़्यादातर औरतें ज़मीनदारों या फैक्ट्री मालिकों की नौकर थीं जो सियासी और समाजी तौर पर बहुत ताक़तवर हैं ऐसी तमाम प्रभावित औरतों ने बदले के डर से पुलिस में मुक़दमा दर्ज नहीं कराया।

पाकिस्तान में बलात्कार और सामूहिक बलात्कार बहुत ज़्यादा है मीरवाला के बलात्कार के हादसों पर हुकूमत तहक़ीक़ात के दौरान जो पुलिस दस्तावेज़ पेश किये गये थे उनसे मालूम हुआ है कि सूबा पंजाब के ज़िला मुजफ्फरगढ़ में जून 2002 में .खबरों के अनुसार 53 मर्द 22 औरतों का बलात्कार कर चुके थे। जिसमें 14 औरतों के साथ सामूहिक बलात्कार किया गया था। इन 14 (चौदह) औरतों मे से कम-से-कम दो औरतें एक हफ़्ते बाद जान से हाथ धो बैठीं, जबकि एक औरत को गाली मार कर .ख़त्म कर दिया गया, क्योंकि इस पर शक था कि वह हमलावरों को पहचान गयी थी। .ख़बरों के अनुसार दूसरी औरत ने. खुदकुशी कर ली क्योंकि पुसिल ने उसकी इज़्ज़त लूटनेवालों के खिलाफ़ कोई क़दम नहीं उठाया था। H.R.C.P.

का कहना है कि पाकिस्तान में सामूहिक तौर पर हर घंटे में एक औरत को बलात्कार का निशाना बनाया जाता है। पंजाब में हर छः (6) घण्टे बाद एक औरत से बलात्कार किया गया जबकि हर चौथे दिन एक औरत को सामूहिक तौर पर बलात्कार का निशाना बनाया गया, जबकि 2001 में पुलिस ने बलात्कार की सिर्फ 321 शिकायत दर्ज की और इस सिलसिले में 33 लोगों को गिरफ़्तार किया। कम संख्या में शिकायत दर्ज होने की एक वजह यह है कि समाज में बदनामी के ख़ौफ से प्रभावित औरतें जुर्म की शिकायत नहीं करती दूसरी वजहों में यह बात आहम है इस जुर्म के करने वाले उन्हें धमकियाँ देते हैं और दहशत-अंग्रेज़ हरकते करते हैं इसके अलावा क़ानून की जानकारी का अभाव और औरतों का यह ख़ौफ कि अगर वह इस जुर्म के होने में अपनी रज़ामन्दी साबित नहीं कर सकीं तो ख़ुद उन्हें बलात्कार और बुरे रास्ते पर चलने का मुजरिम स्वीकार कर लिया जायेगा जिसकी सज़ा संगसार (पत्थर मारना) या सरे आम कोड़े मारना है।

पाकिस्तान में काम करनेवाली औरतों को परेशान करने का रुझान (दिलचस्पी) भी तेज़ी से बढ़ रहा है। परेशान करने का यह काम सड़क़ और बस स्टाप से लेकर दफ्तरों के अन्दर भी जारी रहता है। यहाँ औरतों का ग़ैर-क़ानूनी व्यापार भी ज़ोर-शोर से जारी है। इसका शिकार पाकिस्तानी औरतें ही नहीं बल्कि बाँग्लादेश, नेपाल, हिन्दुस्तान और अफ़गानी लड़कियाँ या औरतें भी लायी जाती हैं और उनकी खरीद फरोख्त एक आम-सी बात है। इसका विस्तृत वर्णन पिछले पृष्ठों में बयान किया जा चुका है। पाकिस्तान में यह एक आम-सी बात है कि पुलिस जिन औरतों को किसी इल्ज़ाम में या गिरफ़्तारी के ख़ौफ से मुँह छिपानेवाले मर्द-रिश्तेदारों को गिरफ्तारी देने पर मजबूर करने के लिए थाने ले जाती है। उनके साथ ख़राब-से-खराब व्यवहार होता है। पुलिसवाले उन औरतों के साथ मार-पीट करते हैं, उन्हें बिजली के झटके दिये जाते हैं और उनका बलात्कार करना एक मामूली-सी बात है।

दुनिया में लाखों औरतें क़र्ज़ वापस करने के लिये बिना मज़दूरी या पारिश्रमिक के काम करने पर मजबूर हैं। बीमारी ख़राब फसल, या शादी ब्याह जैसी महँगी समाजी रस्मों के लिये जब कोई ख़ानदान क़र्ज़ हासिल करता है तो पूरा ख़ानदान इसको अदा करने को तैयार हो जाता है पाबंद ख़ानदान को काम की जगह रहने पर मजबूर किया जाता है और सिर्फ उसके सरदार/मुखिया को मज़दूरी दी जाती है। जो ख़ानदान की ज़रूरत पूरी करने के लिए नाकाफी होती है। जिसकी वजह से उन्हें ज़्यादा क़र्ज़ हासिल करना पड़ता है। काम करनेवालों को ग़ैर क़ानूनी क़ैद

में रखा जाता है और उनके अधिकारों को खुले तौर पर विरोध होता हे। ज़मींदार और मैनेजर आम तौर पर ऐसे.खानदानों की औरतों और लड़कियों को तलब करके उन्हें यौन सम्बन्धी काम करने के लिए मजबूर करते हैं। पाकिस्तान की एक पाबन्द और मज़दूर ने ऐमनेस्टी इन्टरनेशनल को बताया कि 'हम तमाम औरतों के साथ सामूहिक बलात्कार किये गये हैं...हमारी लड़कियों की जिनमें से कुछ की उम्र सिर्फ दस या ग्यारह साल थी शारीरिक अपमान/बेइज़्ज़ती की गयी बलात्कार की वजह से हममें से कई औरतों के यहाँ बच्चे पैदा हुए।

H.R.C.P. का कहना है कि ईसाई लड़कियाँ और औरतेंज़्यादा मुसीबत का शिकार हैं क्योंकि वह मेहनत मज़दूरी करके अपने .ख़ानदान की मदद करती हैं एक ऐसे समाज में उन औरतों को शक़ की नज़र से देखा जाता है जहाँ ऐसा करने का रिवाज नहीं है। उन्हें शोषण, ज़लील करने और यौन सम्बन्धी शोषण की बढ़ोतरी के लिये आसान शिकार समझा जाता है। यह औरतें यौन शोषण और ज़ुल्म का शिकार होती हैं और उन पर बलात्कार का इल्ज़ाम भी लागू हो सकता है ज़्यादा .ग़रीब औरतों और मज़हबी अल्पसंख्यक धर्मों से सम्बन्ध रखनेवाली औरतों के साथ ज़ुल्म और बलात्कार के हादसे आसानी से हो जाते हैं और उनकी फरियाद भी कोई नहीं सुनता।

पाकिस्तान कई वर्षों से .ग़रीबी के दलदल में धंसता जा रहा हे। यह मुल्क जहाँ कभी ग़रीबी की रेखा से नीचे ज़िन्दगी गुज़ारनेवाले 10 से 15 फीसदी तक जा पहुँचे हैं। इस .ग़ुर्बत (.ग़रीबी) ने जहाँ औसत वर्ग को निचले वर्ग की तरफ ढकेलना शुरू कर दिया है, वही निचला तबक़ा .ग़रीबी की ढलान पर तेज़ी से नीचे की तरफ फिसल रहा है। इस ग़रीबी का सबसे बड़ा शिकार निचले वर्ग की औरतें हुई हैं। वह एक ऐसी भयानक आज़माइश से दो-चार कर दी गयी है। जहाँ उसके दोनों हाथ .ख़ाली हैं और उसके कन्धों पर अपने बच्चों की भूख मिटाने की ज़िम्मेदारी है।

उस वक़्त मेरे सामने सोशल पॉलिसी ऐण्ड डेवलपमेण्ट सेण्टर की वो रिपोर्ट है जो "तरक्क़ी, ना बराबरी और .ग़रीबी" के विषय पर 2001 के पाकिस्तान की एक झलक दिखाती है। यह रिर्पोट बग़ैर किसी लाग लपेट के हज़ारों आँकड़ों के आधार पर तैयार की गयी है। यह आँकड़े दिल दहला कर रख देते हैं। उन्हें पढ़कर अन्दाज़ा होता है कि हम .ग़रीबी की जिस भयानक दलदल में उतर चुके हैं उसका सबसे बड़ा निवाला (ग्रास) औरत बनी है। यह एक दर्दनाक सच्चाई है कि ग़रीबी समाज पर उसी वक्त हमला करती है जब उसके मामलात की निगरानी करनेवाले, उस पर हुक्म

करने वाले अपने लोगों की परेशानियों से कोई समतलब नहीं रखते। एक ऐसी सूरत-ए-हाल में क्या मर्द क्या औरतें और क्या बच्चे सब ही बेआसरा और बग़ैर किसी जुगाड़ के ग़ुर्बत के शिकंजे में जकड़े जाते हैं। लेकिन इस ग़रीबी की सब से बड़ी मार औरत सहती है। अपने भूखे बच्चों और .ख़ानदान को पेट भरना उसकी ज़िम्मेदारी होती है। ग़रीबी का जहन्नुम उसे और उसकी आत्मा को किस तरह झुलसाता है उसकी एक झलक मुझे SPDC की रिपोर्ट में नज़र आयी। नीचे इन औरतों के कहे हुए वाक्य हैं जिन्होंने SPDC की टीम के उन सदस्यों से कहे जो अपने सर्वे के दौरान उन औरतों तक पहुँचते थे।

''बच्चे अपनी देख-भाल से बहुत ज़्यादा त्रस्त हैं। वे मुझसे लगातार शिकायत करते हैं कि दूसरे बच्चों के बाप उनके लिये फल और दूसरी चीज़े लाते हैं, हमारे बाप ऐसी चीज़ें क्यों नहीं लाते। मैं किसी-न-किसी तरह उनके ध्यान को बाँट देती हूँ लेकिन रातों में छुप-छुप कर रोती हूँ।''

'हम किसी चीज़ को .ख़रीदने की हैसियत नहीं रखते हमे ना पेट भर खाने के लिये मिलता है, न तन ढाक सकते हैं, और ना अपने रिश्तेदारों से मिलने जा सकते हैं। अगर चीनी है तो चाय की पत्ती नहीं होती, अगर आटा होता है तो सब्जी नहीं होती।'

'हम कड़ी/स.ख़्त परेशानियों में घिरे रहने हैं। एक बार घर में पकाने के लिये कुछ भी न था। मैंने किसी से मुट्ठी भर चावल लिये और उन्हें बासी रोटी के साथ मिलाकर चढ़ा दिया, बच्चों को बताया कि मैं हलीम (एक तरह की खिचड़ी है) पका रही हूँ।' 'मेरा शौहर ज़िन्दा था तो हालात बेहतर थे। अब बढ़ती हुई उम्र की बच्चियाँ हैं जिनको भूख लगती है और जिनकी बढ़ती हुई ज़रूरतें हैं।'

"बाज़ (किसी) वक़्त मैं अपने बच्चों के पीले चेहरे और कमज़ोर जिस्म देखकर रो देती हूँ। उन्हें मुनासिब .ख़ुराक (उचित खाना) देने के लिये हमारे पास ज़रिये नहीं हैं। मैं इस सिलसिले में रोने के अलावा कुछ नहीं कर सकती।' 'मैं लिण्डा बाज़ार की पुरानी पतलूनें अधेड़ने का काम करती हूँ। मैं रोज़ाना 50 से 60 पतलूने निपटा लेती हूँ और इस तरह 10 से 15 रुपये तक की आमदनी हो जाती है।'

"मैं इन मुर्दों को नहलाती हूँ, यह काम रोज़ नहीं मिलता जब भी मिलता है तो मुझे 50 से 100 रुपये तक की आमदनी हो जाती है।'

"मेरा शौहर और मैं मज़दूर की हैसियत से काम करते थे लेकिन अब हर चीज़ इतीन महंगी हो गयी है कि इस आमदनी में हमारा गुज़ारा नहीं हो पाता। इसलिए

मैंने भीख माँगना शुरू कर दिया। यह काम बहुत मुश्किल और अपमानजनक है। मुझे बहुत .ज्यादा अश्लील हरकतों का सामना करना पड़ता है।'

'मेरे शौहर की नौकरी छूट गयी और वो हीरोहन्ची (अफीम पीनेवाला) बन गया। घर में खाने के लिए कुछ भी नहीं रहा। मैंने बहुत काम तलाश किया लेकिन कहीं भी नहीं मिला।

"आख़िरकार एक व्यक्ति से मेरी मुलाक़ात हुई जिसने मुझे वो 'काम' करने पर राज़ी कर लिया मैंने जिसके बारे में कल्पना भी नहीं की थी। मेरे मुस्तक़िल ग्राहक हैं। मेरे .खानदान के किसी व्यक्ति को मेरे इस काम के बारे में मालूम नहीं है जल्दी या देर में मेरे भाई को मालूम हो जायेगा। लिहाज़ा मैं यहाँ से दूर जाना चाहती हूँ।''

"शिक्षा बहुत महंगी हो चुकी है। बच्चे कम उम्र हैं और हर दूसरे रोज़ पेन्सिलें गुम कर देते हैं। चीज़ें गुम करने पर मैं अक्सर उनकी पिटाई करती हूँ।"

"अपनी दो लड़कियों को मुझे स्कूल से उठाना पड़ा कपड़ों की सिलाई करके तो कुछ कमा लेती हैं। मेरे (छह) साल के बेटे ने चाय के स्टॉल पर उस वक़्त काम करना शुरू किया जब वो चार साल का था। मेरे पास उसके अलावा कोई रास्ता नहीं। क्योंकि मैं उनको खिला नहीं सकती।"

"मैं क्या कर सकती हूँ? बाज़ वक़्त मैं अपने बच्चों की पिटाई करके रोने लगती हूँ।'

गिरती हुई आमदनी और बढ़ती हुई महँगाई की वजह से घरेलू बजट में कटौती का सबसे पहला शिकार पहननेवाले कपड़े होते हैं। मर्दों की अहमियत है क्योंकि उन्हें काम पर जाना होता है। कुछ महीने बाद बच्चों बाद बच्चों का क़द बढ़ जाने से उनके कपड़े छोटे हो जाते हैं। नतीजे के तौर पर कपड़ों की कमी औरतों को बर्दाश्त करनी पड़ती है। जिन औरतों से सवाल किये गये उनमें सिर्फ दो औरतें अपने लिये नये कपड़े बना सकती थीं। ज़्यादातर औरतें पुराने कपड़े .ख़रीदती हैं या घरों में काम करनेवाली औरतों को पहनने के लिये उतरन मिल जाती है, जिसे वह अपनी .खुशनसीबी समझती हैं।

.ज्यादातर .ख़ानदान नाश्ते में चाय और रात की बची हुई रोटी खाते हैं और दोपहर और रात के खाने की जगह शाम में एक बार खाना खातें हैं। खाने में आमतौर पर दाल और रोटी या फिर रोटी और प्याज़ या अचार होता है। ज़्यादातर समय में .खानदान के हर व्यक्ति के लिये उचित मात्रा में रोटी नसीब नहीं होती।

“मैं खाने का बेहतरीन हिस्सा अपने शौहर को देती हूँ। क्योंकि वह घर के पालक हैं। अगर वो बीमार हो जाये तो हमे फाक़े करने पड़ेगे।”

“आजकल हमारे बच्चों को एक वक़्त भी ढंग का खाना नहीं मिलता। वह रोटी के टुकड़ों पर लड़ते हैं।. खानदान का एक-न-एक व्यक्ति भूखा सोता है।’

‘मेरे बच्चे अक्सर ज़ुकाम और खाँसी से परेशान रहते हैं लेकिन मैं उन्हें कभी डॉक्टर के पास लेकर नहीं जाती क्योंकि डॉक्टर की फीस या दवाओ की क़ीमत अदा करना मेरे बस में नहीं है। वो ख़ुद ठीक हो जाते हैं। मुझे दिल की तकलीफ है और हमेशा आराम करने को कहा गया है लेकिन यह कैसे मुमकिन है? अगर मैं काम ना करूँ तो मेरे बच्चों की मदद कौन करेगा?’’

इन तमाम दर्दनाक वाक्यों में सबसेज़्यादा दिल को दहला देनेवाला यह जुमला है रोती हुई माँ की ज़ुबान से सुना गया

‘‘मैं कभी-कभी दुआ करती हूँ कि मेरे बच्चे मर जायें क्योंकि मैं उन्हें एक वक़्त भी पेट भर कर खाना नहीं खिला सकती।’’

एक तरफ वो ग़रीब औरतें हैं जो भूख से बिलखते हुए अपने बच्चों को देख कर रोती हैं और उनके मर जाने की दुआएँ करती हैं, दूसरी तरफ वो पाकिस्तानी रियासत है जिसने उन्हें इस अज़ाब (कष्ट) में गिरफ़्तार किया है जो असलहे के ढेर लगाती हैं एटमी धमाके करती हैं, और अपनी फौजों की ताक़त पर ख़ुद अपने अवाम (जनता) और उनकी बस्तियों को फतेह करती है। इस रियासत ने अपनी शहरी ज़ुल्म की शिकार और. गरीब औरतों की ग़रीबी, बेचारगी और सदियों पुराने रिवायत के नाम पर कियेवाले ज़ुल्मों के चंगुल से निकलने के लिए कुछ भी नहीं किया।’’

एक तरफ़ शहर में बसनेवाली वो औरतें हैं जो अपने बच्चों की भूख मिटाने, उनकी ज़रूरतें पूरी करने के लिए अपने बदन बेच देती हैं, दूसरी तरफ वो पाकिस्तानी औरतें हैं जिन पर गोश्त का एक टुकड़ा भी चखना हराम है।

पाकिस्तान साफ़ तौर पर एक क़बाइली और जागीरदाराना (साम्राज्यवाद) समाज है। ऐसे समाज की गिरफ्त (पकड़) अपनी औरतें और अल्पसंख्यकों पर बहुत सख़्त होती है। एक ऐसे समाज में कमज़ोर और अल्पससंख्यक के अधिकारों की ज़िम्मेदारी रियासत पर ज़्यादा सख़्ती से लागू होती है। फाइव स्टार होटलों में औरतों के अधिकारों के लिये अंग्रेजीं में होनेवाले भाषण सुनकर और जस्टिस नासिर अली ज़ाहिद की लीडरशिप में बननेवाले ‘विमेन कमीशन’ की सिफारिशों को पढ़कर मुझे हँसी आती है और बिलोच लड़कियाँ याद आती हैं जो आज इक्कीसवीं सदी में भी गोश्त के स्वाद से वंचित रखी गयी हैं।

एक रिपोर्ट के मुताबिक़—

‘‘सिन्ध और ब्लूचिस्तान में आबाद कुछ बिलोच क़बाइल में औरतें और ख़ास

तौर से कुँवारी लड़कियों को गोश्त (मीट) .खाने की इजाज़त नहीं है। उसकी वजह उनकी यह आस्था है कि उसके इस्तेमाल से लड़की जल्द बालि.ग (बड़ी) हो जाती है और औरतों में यौन इच्छाएँ बहुत बढ़ जाती है। यह रस्म 'रिवायत' के नाम पर सदियों से जारी है ब्लूचिस्तान और बालायी सिन्ध के इलाक़ों में लगभग एक सदी पहले यह रिवाज़ बहुत आम थी। उस ज़माने में अधिकतर सिन्धी क़बीलों ने भी औरतों को गोश्त खाने से मना कर रखा था। लेकिन अब यह रिवाज़ मर्रा बगही और बंगाली कबीले तक सीमित है। बिलोचिस्तान क़बीले का कहना है कि गोश्त जिस्मानी भूख को भड़काता है। अगर औरतों को मीट (गोश्त) खाने की इजाज़त दी गई तो उनके अन्दर यौन इच्छा और अगर बढ़ जायेगी वो अपने करीब आनेवाले किसी भी व्यक्ति की मोहब्बत में गिरफ्तार हो सकती है। यौन सम्बन्ध बना सकती हैं जो क़बीले की बदनामी का कारण हो सकते हैं। उनके विश्वास के अनुसार—

"औरत .खुद बहुत लज़ीज़ गोश्त की बनी है लिहाज़ा उसे बिलकुल गोश्त नहीं खाना चाहिये।

उनका कहना है कि—

"उन परिन्दों की तरह जो गोश्त (मीट) के टुकड़े झपट कर ले जाते हैं,

बिलकुल उसी तरह उन्हें (औरतें) भी गोश्त (मीट) टुकड़े समझकर मर्द उठा कर ले जा सकते हैं। इसलिये औरतों को गोश्त (मीट) उठाने की कभी इजाज़त नहीं होना चाहिये वरना वो भी उठा ली जायेगी।"

'मुरी क़बीले के अन्तर्गत आने वाली शाखों भले ज़यी, जेहरानी और खण्डवानी, बंग्लानी की उपशाखों खूरआनी और सानहानी और बगटी क़बीले की उपशाखों-रमेज़ी मौहानी, कुलपर और चाकरानी में औरतें, .खासतौर पर .गैर शादीशुदा लड़कियों को गोश्त खाने की इजाज़त नहीं है। वो घरों में दूसरी तरह का खाना खाती हैं। यहाँ तक कि जब वो शादी या किसी दूसरे प्रोग्रामों में जाती हैं तो उनके लिये .खास तौर पर तरकारियों या दालों को पकाया जाता है। ज़्यादातर उनके खाने के लिये .खास बन्दोबस्त किया जाता है। .गैर शादीशुदा लड़कियों के गोश्त खाने पर पाबन्दी उस वक़्त तक लगायी जाती थी जब तक कि उनकी शादी न हो जाये। शादी के बाद उस फ़ैसले का अधिकार शौहर को है कि उसकी बीवी गोश्त खा सकती है या नहीं।

अन्याय है कि मर्द लोग अपनी मर्ज़ी के अनुसार गोश्त खा सकते हैं हक़ीक़त यह है कि वो बड़ी शान-ओ-शौक़त से मौक़े पर ऐसे ही करते हैं। अगर उनके डेरे पर कोई मेहमान आ जाता है तो उसके सम्मान में बकरा क़ुर्बान किया जाता है, गोश्त को ज़्यादा तर मर्दों के लिये बनी .खास जगह पर पकाया जाता है ताकि औरतें या लड़कियाँ उसे देख न पायें।

एक तरफ़ ऐसे क़बीले मौजूद हैं दूसरी तरफ वो शिक्षित .खानदान भी हमारे बीच है, जो लड़कियों को पैदाइश से पहले ही .ख़त्म करा देते हैं।

पाकिस्तान बर्रे सग़ीर के जिस क्षेत्र में बना है वहाँ आज से नहीं सदियों से बेशुमार घरानों और ख़ानदानों में बेटियों की पैदाइश एक न पसंदीदा और नाख़ुश गवार बात समझी जाती है। एक से ज़्यादा बेटियाँ पैदा करनेवाली माओं को तलाक़ दे दी जाती है, या तानों-तिशनों से उनकी ज़िन्दगी जहन्नुम बना दी जाती है, कुछ जातियों में बेटे के ख़्वाहिश (इच्छुक) मर्द लोग और उनके घरवाले दूसरी दुल्हन भी ब्याह लाते हैं। यह वो लोग हैं जो अक्सर जिहालत में डूबे उन क़बीलों को बुरा भला कहते सुनायी देते हैं जो इस्लाम से पहले अपनी बेटियों को ज़िन्दा दफ़न कर देने थे। उनमें से ज़्यादा तर की नज़र से सड़क पर लगे हुए वो बोर्ड भी गुज़रते हैं जिन पर लिखा गया है कि 'बेटी अल्लाह की रहमत है।' उन तमाम बातों के बावजूद यही वो लोग हैं जिनके घर बेटियाँ पैदा हो तो उनके मुँह उतर जाते हैं। 90 के दशक में अल्ट्रासाउण्ड की टेक्नोलॉजी जब पाकिस्तान में आयी (प्रचलित हुई) तो साइन्स के इस ख़ास आविष्कार को होनेवाली बेटियों से नजात के लिये इस्तेमाल किया। यह है टेक्नालॉजी बच्चे के (जेंडर/लिंग) की जानकारी पैदाइश से पहले ही बताने में मदद करती है। इसके ग़लत इस्तेमाल ने उन दाइयों और महिला डाक्टरों की आमदनी में बहुत बढ़ोतरी करा दी जिन की ख़िदमत गर्भपात के लिये हासिल की जाती है। इस तरह से गर्भपात कराना पाकिस्तान में ग़ैर कानूनी और क़ाबिल-ए-सज़ा जुर्म है, यही वजह है कि पैदाइश के पहले क़त्ल की जाने वाली बच्चियायों का कोई रिकार्ड मौजूद नहीं, इसके बावजूद इस तरह के वाकयात में बढ़ोत्तरी का अंदाज़ा इस बात से लगाया जा सकता है कि H.R.C.P. की 1994 की वार्षिक रिर्पोट में इस बात का ज़िक्र .खास तौर से किया गया है। उसे इस तरह भी कह सकते हैं कि पाकिस्तानी लड़कियाँ माँ की कोख में आते ही आज़माइश में आ जाती हैं। अगर दुनिया में उनका आना उनके बाप दादी या दूसरे घर वाले के लिये ना पसन्द हों तो वो साँस लेने से पहले ही ज़िन्दगी हार जाती हैं और जो पैदा हो जाती हैं उनमें से अधिकतर की क़िस्मत में (अल्पसंख्यक मैजोरिटी) शोषण और ज़ुल्म की उन आज़माइशों से गुज़रना है जिनमें पाकिस्तानी रियासत की बुनियादी भूमिका रहती है।

पाकिस्तानी औरत आज़ादी के बाद से आज तक जिन आज़माइशों से गुज़री है, उसका एक संक्षिप्त हालात आपने सुना यह बात दुरुस्त है कि इन हालातों और समस्याओं की बुनियादी ज़िम्मेदारी पाकिस्तानी रियासत पर हावी ताक़तवर लोगों और हुक़ूमत पर लागू होती है लेकिन हमें यह पड़ताल भी करने चाहिए कि समाज में वो सभी तत्त्व जो अच्छे शहरी होने का दावा रखते हैं उन्होंने इस सिलसिले में अपनी ज़िम्मेदारियाँ किस हद तक निभायी? हमारे तरक्क़ी पसन्द (प्रगतिशील

लेखक) और रोशन.ख़याल बुद्धिजीवी, पत्रकार, क़ानून के विशेषज्ञ और खास करके स्त्री आन्दोलन से जुड़ी औरतें और औरतों के नाम पर काम करनेवाली एन.जी.ओ. पाकिस्तानी औरत की आज़माइश को कम करने के हवाले से क्या वाकयी हक़ अदा कर सकें?

अगस्त, 1997 में जनाब जस्टिस नासिर असलम ज़ाहिद के नेतृत्व में एडिट होनेवाली 'वीमेन कमीशन रिर्पोट' जब सामने आयी तो उसकी इंक़लाबी सिफारिशों ने पाकिस्तानी औरतों को बहुत उम्मीद से भर दिया था। इन सिफ़ारिशों पर अगर सियासी इरादे के साथ काम होता तो पाकिस्तानी औरत समाज में केन्द्रीय धारे में बड़ी हद तक शामिल हो सकती थी, लेकिन ना हुकूमत को इस बात की ज़रूरत थी कि वो इस रिर्पोट की सिफारिशों पर.गौर करे, और न पाकिस्तान के बुद्धिजीवियों और औरतों ने कोई ऐसा प्रेशर ग्रूप बनाया जो इस कमीशन की सिफ़ारिशों को लागू करने के लिये दबाव बनाता, सड़कों पर अपनी ताक़त का प्रदर्शन करता। इसके विपरीत उन्हीं दिनों और उनके हामियों (पक्ष के लोगों) की तरफ से यह कहा जाने लगा कि सीनेट से इस सुझाव को मंज़ूर कराने के बाद औरतें चहारदिवारी में बन्द दी जायेंगी, शिक्षा और मेडिकल (हकीमी) को छोड़ कर दूसरे सभी विभागों में औरतों के काम करने पर पाबन्दी होगी।

पाकिस्तान एक बार फिर अक्टूबर 1999 से तलवारों के साये में पलकर जवान होनेवालों की नयी आबादी है। इस बार जनरल ज़ियाउल हक़ के इस्लामी व्यवस्था के बजाय जनरल अयूब.खान की तरह लिबरल).खुली ज़ेहनियत) मार्डन पाकिस्तान को आस्तित्व में लाने की बातें हो रही हैं। एक व्यक्ति दो कुत्ते बग़ल में दबाकर चहलक़दमी करते हुए तस्वीर खिंचवा लें तो हमारे लिबरल मर्द और औरतें उस पर न्योछावर होने लगते हैं। दिखावे और आराम की चीजों, की वाह-वाह रही औरतों को अगर ग्रासरूट लेविल पर अधिकार सौंपने की बाते हैं। एक डिकटेट्र से औरतों के लिये रियायतें तलब की जा रही हैं यह रियायतें कभी इलेक्शन में मींटिग के लिये हैं और कभी क़ौमी और सूबों की एसेम्बली में.खास मीटिंगों में बढ़ोत्तरी का ग़लग़ला है। हममें से ज़्यादातर यह सोचने और समझने के लिये तैयार नहीं कि औरतें हों, माइनॉरिटी (अल्पसंख्यक) हो या पाकिस्तान का कोई भी वर्ग, बुनियादी इंसानी अधिकार, जनतन्त्र राजनैतिक अधिकार उसका पैदाइशी हक़ के लिये जद्दो-जहद की जानी चाहिये। भीख का कटोरा लेकर नहीं फिरना चाहिये। कटोरे में फेके जाने वाले सिक्के अगर खोटे न हों तब भी इज़्ज़त-ए-नफ्स.ख़ुद्दारी/आत्मसम्मान की क़ीमत पर मिलते हैं।

आज़माइशों से पाकिस्तानी औरत की नजात पाकिस्तान में जम्हूरियत (प्रजातंत्र) और हर क़िस्म के शोषण और भेदभाव का.खात्मा पाकिस्तान के मर्द और

औरतें, बच्चे और बूढ़े, किसान और मज़दूर छात्र, वकील और पत्रकार मिल कर जद्दो-जेहद करेंगे तब ही हम एक इज़्ज़तदार समाज में ज़िन्दा रह सकेंगे और हम सब को इन आज़माइशों से नजात मिल सकेगी जिनसे हम जूझ रहे हैं।

संदर्भ ग्रंथ

1. Allana. G., Pakistan Movement Documents.
2. Amnesty International Report, 1999, 'Pakistan : Violence Against Women in the Name of Honour'.
3. Amnesty International Report, 2001 'Take a Step to Stamp out Torture.'
4. Amnesty Intenational Report, 2002 'Pakistan : Insufficient Protection of Women'.
5. Amnesty International Report, 2002 'Pakistan : The Tribal Justice'.
6. Butalia, Urvashi, The other side of silence.
7. Constitutent Assembly of India (Legislative) Debates, 1949.
8. Constitution of Pakistan 1973.
9. Dawn, jully and August 1989.
10. Dawn, February and March 2001.
11. Dawn, Review, March 2002.
12. Dawn, Review, April 2002.
13. Dawn, Review, April 2002.
14. HRCP Annual Report, 1995.
15. HRCP Annual Report, 1998.
16. HRCP Annual Report, 1999.
17. HRCP Annual Report, 2000.
18. Menon, Ritu and Kamla Bhasin, Borders and Boundries.
19. Shaheed, Farida and Khaswar Mumtaz, Women of Pakistan one step forward two steps.
20. SPDC, Annual Review, 2001 Social Development in Pakistan.
21. हिनाज़हिदा, जम्हूरी जद्दोज़हद में पाकिस्तानी औरत का हिस्सा माहनामा रौशन. खयाल, कराची, जुलाई 1989 ई.